Paulusplatz-Geschichten

Joachim Schmidt

Paulusplatz-Geschichten

100 Jahre im Tintenviertel

Justus von Liebig Verlag

„Ein großes Wasserbecken,
umsäumt von einer reichen Gartenanlage
mit lebhaftem Blumenschmuck,
bildet die Vermittlung
zwischen den beiden Hauptbauten
des Paulusplatzes …

Natur und Kunst vereinigen sich …
zu einem Platzbild von seltener Schönheit,
zu einer vorbildlichen Schöpfung
für Vorstadtplätze,
bei denen die wechselvolle umgebende Natur
in das Stadtgebiet hineinwächst
und sich mit einer locker gereihten,
malerisch entwickelten Architektur
zu einer harmonischen Einheit verbindet."

Dr. Wilhelm Glässing
Oberbürgermeister der Stadt Darmstadt, 1917

Inhalt

Einführung. 7

1. Auf dem Weg ins 20. Jahrhundert 10
   Das Zeitalter der Kommunikation 10
   Kritik an der Industriekultur 13
   Zwischen Reformbewegung und Heimatschutz 16
   Heinrich Metzendorf. 18

2. Die neue Zeit 21
   Vom Armenhaus zum Wohlstand 21
   Der Aufschwung. 23
   Die Gartenstadt. 26

3. Das Geflecht der Akteure. 28
   Der Monarch: Großherzog Ernst Ludwig 28
   Das Projekt Mathildenhöhe 29
   Darmstadt und der Denkmalschutz. 30
   Die Technische Hochschule und ihre Professoren 31
   Zwischen Tradition und Moderne: Friedrich Pützer . . 34
   Denkmalschutz und Stahlbeton: Paul Meissner 38
   Der selbst bauende Stadtrat: August Buxbaum 42

4. Die bildenden Künstler 46
   Heinrich Jobst. 46
   Karl Killer. 49
   Otto Linnemann 51
   Augusto Varnesi 53

5. Das Projekt Tintenviertel 55
   Das neue, großbürgerliche „Quartier" 55
   „Städtebau nach künstlerischen Grundsätzen". 57
   Der Paulusplatz und seine Planung 59
   Kirche und Staat im Kaiserreich 60
   Die neue Bessunger Pfarrei 63
   „Petrus und Paulus". 64
   Die Kirche auf der Streuobstwiese 67
   Das „Wiesbadener Programm". 69

Die Hessische Landeshypothekenbank 70
Der Wettbewerb 73
Der Bau der Landeshypothekenbank. 75
Die Sprache der Architektur. 78
Der Direktions-Aufgang 82
Der Brunnen vor dem Haupteingang 82
Der Triton-Brunnen 86
Rätselhafter Hessen-Löwe 88

6. Das Wachsen des Tintenviertels. 91
Die „Villa Merck". 91
„Beamtenhäuser" 92
Ein Buch spricht Bände 92
Pauluskirche und -gemeinde nach dem Ersten Weltkrieg 96
Die Landeshypothekenbank nach dem Ersten Weltkrieg 99
Das Quartier wächst 102
NS-Nachbarschaft am Paulusplatz. 102
Zerstörungen des Krieges 105
Die Brandnacht. 106

7. Der Wiederbaufbau 111
Kahlschlag im Tintenviertel 111
Die Pauluskirche 112
Die Landeshypothekenbank 112
Die Kirchenverwaltung 113
Der Anbau der Kirchenverwaltung 117
Die Schreiter-Fenster 119
Die Tumarkin-Stelen 121
Der Paulusplatz verfällt 122

8. Nach einhundert Jahren. 127
Die Diagnose 127
Die Spendensammlung 130
Der erste Bauabschnitt. 132

Zu guter Letzt 140
Stätten der Erinnerung 141
Die Straßen des Tintenviertels 144
Quellen- und Literaturverzeichnis 148
Abbildungsverzeichnis. 151

Einführung

Römische und auch mittelalterliche Städte waren oft planmäßig so angelegt, dass sich in ihrem Zentrum zwei Handelsstraßen kreuzten. Dadurch entstanden innerhalb der Stadtmauern vier Stadtviertel, die nach dem lateinischen Wort für den vierten Teil – quartus – (französisch quartier) auch Quartiere genannt wurden. Die Bezeichnung hat sich im Deutschen bis ins frühe 20. Jahrhundert erhalten.

Diese Quartiere, in Darmstadt seit dem 14. Jahrhundert „Letze" genannt, waren auch die vier Wehrbereiche für die Stadtmauer und Erhebungsbezirke für die Steuern. Später fungierten sie als Verwaltungseinheiten.[1] Auch als die Darmstädter Stadtmauern längst gefallen waren und neue Stadtviertel nach ganz anderen Maßstäben erschlossen wurden als früher, trugen die Planungen für neue Wohngebiete, etwa jenes südlich des Herdwegs, noch die Bezeichnung Quartier. Man verstand diese Quartiere aber nicht nur räumlich, sondern als möglichst einheitliche soziale Bezugssysteme.

Das taten auch die Planer des „Tintenviertels", die im Optimismus der Gründerzeit vor dem Ersten Weltkrieg die Grundstücke großzügig bemaßen, noch lange vor Beginn des individuellen Autoverkehrs breite Straßen vorsahen und manche sogar als Alleen ausgestalteten.

Heute erscheint das Darmstädter „Tintenviertel" mit dem Paulusplatz im Zentrum als eine Art idyllisches Niemandsland mitten in der Stadt. Öffentliche Verkehrslinien machen darum einen großen Bogen. Die offiziellen Stadtführer verschweigen es überwiegend. Touristen verirren sich so gut wie nie hierhin. Selten widmen Darmstädter Historienbücher dem Paulusplatz mehr als einige Zeilen. Die Pauluskirche kommt kaum vor, die ehemalige Hessische Landeshypothekenbank gar nicht und die Kirchenverwaltung der Evangelischen Kirche in Hessen und Nassau erst recht nicht.

---

1 Vgl. Art. „Letze"; in: Dotzert, Roland: Stadtlexikon Darmstadt

Vor dem Ersten und auch noch vor dem Zweiten Weltkrieg war das anders. Zum Beispiel gab es eine große Zahl von Ansichtskarten. Das heute noch reichhaltige antiquarische Angebot zeigt, dass Abbildungen von Pauluskirche, Landeshypothekenbank, dem reizenden kleinen Park in der Mitte und diversen ansehnlichen Straßen des Viertels mit stattlichen Häusern beachtliche Auflagen hatten. Offenkundig wurden solche Karten gebraucht und stolz verschickt. Das ist lange vorbei. Aber die Zeit der Ansichtskarten neigt sich im Zeitalter der elektronischen Kommunikation wahrscheinlich ohnehin dem Ende zu.

Wer heute mit den historischen Ansichten in der Hand durch die Straßen des Paulusviertels geht, wird Mühe haben, noch viel Bekanntes zu entdecken. Das alte „Tintenviertel" lebt nur in einigen, wenigen Häusern weiter. Den Zerstörungen der Darmstädter Brandnacht im September 1944 sind mehr als 80 Prozent der alten Bausubstanz zum Opfer gefallen. Aber auch wenn etliche Neubauten bis heute erkennbar der Wohnungsnot der Nachkriegszeit geschuldet sind, hat das Quartier seine Schönheit, seine stille Freundlichkeit und seine Großzügigkeit behalten.

Nur das Zentrum, der Paulusplatz, verfiel gegen Ende des vorigen Jahrhunderts jahrzehntelang. Mit seiner repräsentativen Terrasse vor der Landeshypothekenbank wurde er nach dem Krieg oberflächlich instand gesetzt und dann, bis auf kleinere Schönheitsreparaturen, weitgehend vernachlässigt. Immer einmal wieder gab es Versuche, mit Hilfe von Sponsoren wenigstens die Brunnenanlagen am Laufen zu halten, zuletzt 1997. Aber das hatte keinen dauerhaften Erfolg. „Ein Schmuckstück zerbröselt", überschrieb Klaus Honold, Redakteur des Darmstädter Echos, am 12. Mai 2007 einen großen, anklagenden Artikel. Er war der Anstoß zur Gründung der „Initiative Paulusplatz", der es seit 2009 gelungen ist, gemeinsam mit der Stadt Darmstadt die alte Mitte des Tintenviertels vor dem endgültigen Verfall zu retten.

Dem damaligen Bau-Dezernenten der Stadt Darmstadt, Dieter Wenzel, gebührt das Verdienst, den großen Wert bürgerschaftlichen Engagements am Paulusplatz erkannt und aufgenommen und seiner Nachfolgerin Brigitte Lindscheid, die Arbeiten fortgeführt zu haben, auch wenn noch viel zu tun bleibt. Die Darmstädter Oberbürgermeister Walter Hoffmann und Jochen Partsch gaben dem Unternehmen dankenswerter Weise den politischen Rückhalt.

Der größte Dank aber gebührt jenen vielen Menschen, die durch kleine oder große Spenden an die Initiative Paulusplatz einen finanziellen Grundstock für das Wiedererstehen der alten Mitte des Tintenviertels geschaffen haben. Mehr als 300.000 Euro kamen seit 2009 zusammen. Ohne diese Summe, aber auch ohne die Ideen für Spenden-Kampagnen und das unbeirrte Engagement der Vorstandsmitglieder der Paulusplatz-Initiative unter dem Vorsitz von Dr. Wolfgang Rösch wäre der Neuanfang nicht gelungen.

Das Entstehen dieses Büchleins haben Fachleute kundig und wohlwollend begleitet. In alphabetischer Reihenfolge: Holger Bogs, Leiter des Zentralarchivs der Evangelischen Kirche in Hessen und Nassau, Dr. Peter Engels, Leiter des Stadtarchivs Darmstadt, Dr. Eckhard G. Franz, früherer Leiter des Staatsarchivs Darmstadt, Andreas Göller, Leiter des Archivs der TU Darmstadt, Dr. Friedrich Kniess, Stadtarchiv Darmstadt und nicht zuletzt Klaus Honold, Redakteur in der Lokalredaktion des Darmstädter Echos, haben mich vor Irrtümern und Sackgassen bewahrt. Dafür bin ich sehr dankbar.

Der Evangelischen Kirche in Hessen und Nassau danke ich für einen freundlichen Druckkostenzuschuss und Herrn Thomas Reinheimer dafür, dass er mit diesem Buch das Anliegen der „Initiative Paulusplatz" unterstützt.

Joachim Schmidt

Darmstadt, im Januar 2014

1. Auf dem Weg
ins 20. Jahrhundert

Das Zeitalter der Kommunikation

Der fürchterliche Erste Weltkrieg mit seinen verbissenen Frontstellungen der europäischen Großmächte und dem jahrelangen gegenseitigen Abschlachten von Millionen Menschen kann Nachgeborenen leicht den Blick dafür verstellen, dass es im Europa des ausgehenden 19. und des beginnenden 20. Jahrhunderts über alle Grenzen hinweg ein dichtes Geflecht kulturellen Austauschs, heißer Diskussionen und intensiver gegenseitiger Anregungen gab. Das galt gerade auch für jene Nationen, die sich wenig später als erbitterte Feinde auf dem Schlachtfeld gegenüberstehen sollten.

Neue Kommunikationsmittel hatten den Austausch von Informationen erleichtert und erheblich beschleunigt. Dampfdruckereien und neue Satztechniken vervielfachten die Druckauflagen und begründeten die moderne Massenpresse. Das immer dichtere Telegraphennetz revolutionierte die Nachrichtenübermittlung. Durch industrielle Massenfertigung nahm der Güterverkehr einen raschen Aufschwung. Die Straßen waren befestigt und sicher geworden, das schnell wachsende Eisenbahnnetz und die Dampfschifffahrt ließen die Entfernungen schrumpfen. Auch die individuellen Reisemöglichkeiten hatten sich gegenüber früheren Zeiten deutlich verbessert.

Techniken, Ideen, Theorien, Stile, Moden, Provokationen wirkten in kürzester Zeit über Grenzen hinweg, beeinflussten sich gegenseitig und gingen vielerlei Verbindungen ein. Isolierte nationale oder regionale Projekte wurden selten. Das galt auch für die bald entstehende massive Kritik von Sozialreformern an den schnellen technischen und ökonomischen Entwicklungen. Denn diese brachten überall gewaltige soziale Probleme mit sich: Landflucht, Verelendung der Arbeiterheere, menschunwürdige Massenquartiere in den Ballungsgebieten, rücksichtslose Ausbeutung von Ressourcen und brutale Eingriffe in die Natur. Nicht nur unter wenigen Nachdenklichen, sondern auf relativ breiter Front und in großer Vielfalt formierte sich dagegen Widerstand.

In Kunst, Architektur und Städtebau hatte sich bereits seit der Französischen Revolution ein Wandel vollzogen: Der Adel hatte seine Vormachtstellung und damit auch das Mandat verloren, künstlerische Entwicklungen allein zu bestimmen. Industrien übernahmen die Warenproduktion in großen Stückzahlen, der Handel intensivierte sich. Das führte überall zum Erstarken der Bourgeoisie, eines begüterten Bürgertums, das sich nunmehr als Mäzen für neue Bauten im Rückgriff auf alte Bautraditionen verstand.

In England hatte man bereits seit 1750 die Gotik wiederentdeckt und ihre Bautechniken und Formen in der Neogotik neu belebt. Hundert Jahre später wurde dieser Stil in ganz Europa modern. Dabei spielte wohl auch die Entscheidung der britischen Regierung eine Rolle, den Parlamentsneubau Westminster Palace in London ab 1840 im pompösen neugotischen Stil zu errichten. In rascher Folge entdeckte und verwendete man dann in ganz Europa auch Stilelemente des Empire, der Renaissance und des Barock, jeweils mit der Vor-

Hier ist des Volkes wahrer Himmel: Ausflugsziel Ludwigshöhe, um 1900

silbe Neu- oder Neo-. Nicht selten geschah das in bunter Mischung, wobei eine möglichst repräsentative Gesamtwirkung gewünscht wurde. Der heutige Sammelbegriff für diesen jahrzehntelang dominierenden Mischstil aus Zitaten früherer Epochen, der nicht nur die Architektur, sondern eine ganze Geisteshaltung betraf, lautet Historismus.

Wer immer die nötigen Mittel zur Verfügung hatte, ließ sich nach eigenen oder den Vorstellungen freier Künstler und Architekten in Anlehnung an repräsentative Vorbilder der Vergangenheit Häuser bauen und einrichten. Der Staat wollte dem nicht nachstehen. In großer Zahl entstanden Post- und Finanzämter, Militär- und Regierungsbauten in jenem bombastischen Stil voller meist barocker Zitate, den man später „wilhelminisch" und in Österreich interessanterweise „patriotisch" nannte.

Repräsentation stand im Vordergrund, die Funktion kam erst an zweiter Stelle. Dem Lebensgefühl der Oberschicht in der Gründerzeit kam das entgegen: zur Schau gestellter Wohlstand mit Hilfe des architektonischen Erbes von Jahrhunderten. Historismus wurde die bestimmende Gründerzeitarchitektur.

Den kulturtheoretischen Hintergrund für die Stadtplanung im Sinne des Historismus lieferte der österreichische Architekt, Städteplaner und Maler Camillo Sitte. Er veröffentlichte 1889 sein Werk „*Der Städtebau nach seinen künstlerischen Grundsätzen*". An vielen Beispielen aus mittelalterlichen Städten zeigte er die Chancen einer künstlerischen Stadtplanung und polemisierte gegen die seiner Meinung nach kalte, pragmatische und hygienische Stadtplanung des Industriezeitalters. Das trug ihm später die ehrende Bezeichnung „Wiederbegründer der Stadtbaukunst" ein.

Kritik an der Industriekultur

Anknüpfend an Ideale der Romantik entwickelte sich besonders im deutschen Bildungsbürgertum in der zweiten Hälfte des 19. Jahrhunderts die Zivilisations- und Kulturkritik an den Folgen der Industriellen Revolution weiter. Der als seelenlos verstandenen Industrialisierung wollte man jetzt nicht nur dekorativ repräsentative Architektur, sondern eine echte Rückbesinnung auf die Traditionen der eigenen nationalen Kultur entgegensetzen. Als Quelle der Nation verstand man die Heimat. Heimatvereine, Geschichtsvereine, Volkskunstvereine und Wandervereine entstanden und vereinigten sich um die Jahrhundertwende in ganz Deutschland zu einer „Heimatschutzbewegung". Das Wort stammte von dem Berliner Musikhistoriker Ernst Rudorff, der 1897 ein gleichnamiges Buch veröffentlichte.[2]

Im Jahre 1903 erschien ein flammender „Aufruf zur Gründung eines Bundes Heimatschutz", der von zahlreichen Persönlichkeiten des öffentlichen Lebens in Deutschland unterschrieben war. Darin hieß es:

„Die Verwüstungen des Dreißigjährigen Krieges haben nicht so verheerend gewirkt, so gründlich in Stadt und Land mit dem Erbe der Vergangenheit aufgeräumt, wie die Übergriffe des modernen Lebens mit seiner rücksichtslos einseitigen Verfolgung praktischer Zwecke. ... Der Baum, der seit Jahrhunderten Schatten gespendet, wird den Theorien der Wegebaukommission zuliebe gefällt; das alte Tor, das vorspringende Haus wird niedergerissen, weil der enge Durchgang, die krumme Straße angeblich nicht mehr den Forderungen des Verkehrs entspricht; dies aber nicht nur in Städten mit einigen hunderttausend Einwohnern, sondern in jeder Mittel- und Kleinstadt bis zum winzigsten Flecken herab, weil sie alle von der Sucht geplagt werden, großstädtisch scheinen zu wollen."[3]

---

2 Rudorff, Ernst: Heimatschutz; Berlin 1897
3 Zitiert in: Deutscher Heimatbund (Hrsg.): 50 Jahre Deutscher Heimatbund – Deutscher Bund Heimatschutz; Neuss 1954, S. 59f

Zu den Unterzeichnern 1903 gehörte auch der Karlsruher Architekturprofessor Carl Schäfer, Nestor der Neugotik und Lehrmeister des Architekten und späteren Professors an der Darmstädter Technischen Hochschule, Paul Meissner. 1904 wurde in Dresden der „Deutsche Heimatschutz" gegründet. Seine „Gründung ist im Zusammenhang mit dem Deutschen Werkbund und der Deutschen Gartenstadtgesellschaft zu sehen: drei reformerische Antworten auf die Industrialisierung und die damit verbundenen sozialen Widersprüche, die sich in der wilhelminischen Gesellschaft seit den siebziger Jahren … entfaltet haben."[4]

In der Architektur wollte der Heimatschutz weg von einer „anonymen" Industrie-Architektur hin zu einer „örtlichen" oder „typischen" Architektur kommen. Man wollte keine verzierenden Imitationen mehr, sondern solide traditionelle Bauformen unter Verwendung ortsüblicher Baumaterialien. Seit der Jahrhundertwende prägte der „Heimatschutzstil" zunehmend öffentliche und private Bauvorhaben. Später wurde er freilich vollkommen vom Nationalsozialismus für seine Ideologie vereinnahmt. Der erste Vorsitzende des Bundes Heimatschutz, der Architekt Paul Schultze-Naumburg, mach-

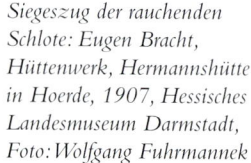

Siegeszug der rauchenden Schlote: Eugen Bracht, Hüttenwerk, Hermannshütte in Hoerde, 1907, Hessisches Landesmuseum Darmstadt, Foto: Wolfgang Fuhrmannek

4 Scarpa, Ludovica: Anmerkungen zum Deutschen Bund Heimatschutz; in: arch+72, Aachen 1983; S. 34

te entsprechend nach 1933 eine steile NS-Karriere. Es ist kein Zufall, dass das Wort Heimatschutz in der jüngsten Vergangenheit von Neo-Nationalsozialisten besetzt wurde.

Historismus und Heimatschutz standen der Moderne überaus kritisch gegenüber und orientierten sich stattdessen an der Vergangenheit. Aus ähnlicher Kritik, aber völlig anderem Ansatz suchten gleichzeitig die Lebensreform-Bewegung und der mit ihr verbundene Jugendstil Wege zu einem künftig menschlicheren und naturgemäßeren Leben. Alle diese eigentlich widerstreitenden Ansätze standen um 1900 in einem heftig changierenden Beziehungsgeflecht zueinander.

An der Biographie Schulze-Naumburgs ist das gut abzulesen. Denn er gehörte eben 1907 auch zu den Mitbegründern des 1934 von den Nationalsozialisten aufgelösten Deutschen Werkbundes, der moderne Technik und traditionelle Formen miteinander verbinden wollte. Der wiederum ist nicht denkbar ohne den Ansatz der Lebensreform-Bewegung und steht so in direktem Bezug zu jener europaweit brodelnden und gegen die Traditionalisten aufbegehrenden Kunst-Szene, die heute gerne pauschal unter dem Begriff Jugendstil subsumiert wird.

Klassische bürgerliche Repräsentationswünsche hatten da wenig Platz, zu weit weg erschienen sie von den Grundbedürfnissen der Menschen. Der Symbolismus setzte dem ein Kunstverständnis entgegen, das die seelische Tiefe des Gezeigten führen sollte. Die noch weitergehende Décadence suchte gleich gar den Untergang einer aus ihrer Sicht todgeweihten Epoche zu begleiten und kaprizierte sich – ganz dekadent – auf bedeutungsschwere Sinnenlust und Extravaganz. All dem gegenüber wirkt die deutsche Heimatschutz-Diskussion dann doch reichlich bieder – und eben sehr deutsch.

Die vielen Antworten und Entwürfe, die aus dem verbreiteten bürgerlichen Unbehagen am Siegeszug von Technik und Ökonomie entstanden, beeinflussten und zitierten sich gegenseitig, auch wenn die ideologischen Gegensätze manchmal größer kaum sein konnten. Wie aber funktionierte diese Koexistenz?

Enttäuscht von der Moderne, Idealist, begabter Architekt, später radikaler NS-Ideologe: Paul Schultze-Naumburg

Metropolen wie Berlin oder München, Paris oder Wien haben durch ihre schiere Größe Raum genug für die unterschiedlichsten Lebensentwürfe und kulturellen Richtungen. Wer sich nicht mag oder nichts miteinander anzufangen weiß, kann sich leicht aus dem Weg gehen und dennoch auch materiell überleben. Vermögende Auftraggeber gibt es im Zweifel genug. Eine Stadt von der eher überschaubaren Größe wie Darmstadt hat diese Möglichkeiten nicht. Man kommt nicht umhin, sich zu begegnen und gegenseitig zur Kenntnis zu nehmen. Das kann Anregungen oder Befruchtungen zur Folge haben – oder auch eisige Fronten der Ablehnung. Dazwischen gab und gibt es immer auch viele Mischformen mit wechselnden Interessenten. Auch beim Entstehen des Darmstädter Tintenviertels spielte das eine große Rolle.

Zwischen Reformbewegung und Heimatschutz

Extrem gegensätzliche architektonische Pole trafen da Anfang des vorigen Jahrhunderts in Darmstadt aufeinander. Vom Großherzog ausdrücklich zum Experiment ermuntert, konnten auf der Mathildenhöhe junge Architekten, Künstler und Gestalter ihre nach den damaligen Maßstäben ganz unkonventionellen Auffassungen von Lebensreform und Jugendstil umsetzen und von der Architektur bis zur Gestaltung ganzer Wohnwelten in eine neue Bau- und Formensprache übertragen.

1901 fand – zeitlich fast parallel zur Gründung der Wiener Secession als Abspaltung vom Wiener Künstlerhaus – die erste große Ausstellung der Künstlerkolonie auf der Mathildenhöhe statt. Großherzog Ernst Ludwig, der häufig in Wien weilte und die dortigen Kunst-Debatten intensiv verfolgte, hatte schon 1899 einen der führenden Köpfe des Wiener Jugendstils, Joseph Maria Olbrich, nach Darmstadt abgeworben. Die Architekten des Jugendstils verlangten, ein Gebäude und seine Funktionen als ein organisches Ganzes zu sehen. Schon von der Gestaltung der Fassade eines Gebäudes sollte man erkennen können, wie das Haus von innen aufgeteilt war.

Den Vertretern traditioneller Baukunst erschien solch architektonische Liberalität sehr fremd. Auch das etablierte Bürgertum der Stadt begegnete dem Treiben auf der Mathildenhöhe mit kritischer Distanz bis hin zu mehr oder weniger offener Ablehnung. Die Ausstellung von 1901 war ein finanzielles Fiasko. Die Darmstädter blieben auch deshalb fern, weil hauptsächlich Luxusgegenstände gezeigt wurden, die für die meisten unbezahlbar waren. 1904 gab es deutlich größeren Zuspruch und auch einen wirtschaftlichen Erfolg der Ausstellung, weil dort verstärkt erschwingliche künstlerische Produkte vorgestellt wurden.

Zugleich ging die Auseinandersetzung zwischen Tradition und Moderne aber immer auch vielschichtig „über Bande". Auf der einen Seite stand der Großherzog, vom Amt her Verkörperung überkommener monarchischer Macht. Als Person freilich war er ein visionärer Förderer der Moderne von Kunst und von Lebensentwürfen, die den meisten seiner Untertanen eher suspekt erschienen. Auf der anderen Seite stand ein Beamtenapparat, der sich als Bewahrer des Überkommenen begriff und von großen Teilen der Bürgerschaft darin unterstützt wurde, wobei letztere zwar stolz auf den allgemeinen technischen Fortschritt war, diesen aber am liebsten historisch gewandet gesehen hätte.

Heinrich Metzendorf

Frühester und profiliertester Vertreter der Heimat-Architektur an der Bergstraße war der 1866 in Heppenheim geborene Franz Heinrich Metzendorf, der einer alten Steinmetzfamilie aus Oberhessen entstammte. Nach Volksschule und Besuch des Gymnasiums in Bensheim lernte er im elterlichen Betrieb das Maurer- und Steinmetzhandwerk, studierte kurz an der Landesbaugewerkschule in Darmstadt und ein Semester an der Technischen Hochschule und erwarb sich umfangreiche Fachkenntnisse der Bautechnik während Lehr- und Wanderjahren bei Architekturbüros in Darmstadt, Heidelberg und Elberfeld.

1895 eröffnete Heinrich Metzendorf ein eigenes Architekturbüro in Heppenheim, ging aber ein Jahr später nach Bensheim. Sein Bruder Georg wurde 1897 sein Mitarbeiter, später sein Teilhaber. Wenige Jahre später machte dieser sich selbständig und zog nach Dortmund. 1901 wurde Heinrich Metzendorf

Früher war mehr Fachwerk: Die damals noch Schießhausstraße genannte Jahnstraße Ecke Im Geissensee, um 1905

vom Großherzog zum Professor an der TH Darmstadt ernannt. 1899 erbaute er im Herdweg 79 das „Haus Haardteck". Vom Volksmund wurde das mit vielerlei Türmchen, Giebeln und Sandsteinornamenten verzierte Haus bald „Pillenburg" genannt, denn dessen erster Besitzer war ein Schwiegersohn des Fabrikanten Merck. Es ist das erste Gebäude des späteren „Tintenviertels".

1903 baute Metzendorf ebenfalls im Herdweg das „Haus Rohde" (Nr. 101) und in der Osannstraße das 1944 zerstörte „Haus Sonne". Die meisten Architekturzeugnisse im Metzendorf-Heimat-Stil stehen aber an der Bergstraße und in Dortmund: In Bensheim hatte man beschlossen, weitgehend auf Industrie-Ansiedlung zu verzichten und mit den malerischen Hanglagen der Bergstraße um eine Ansiedlung wohlhabender Schichten und Rentiers zu werben.

„Baumeister der Bergstraße":
Heinrich Metzendorf

Das geschah sehr erfolgreich, und Heinrich Metzendorf war mit seiner markanten Bauweise meist der Architekt der Wahl: Allein in Bensheim baute er – außer seinem eigenen Wohnhaus – 130 repräsentative Villen, was ihm später den Ehrentitel „Baumeister der Bergstraße" eintrug. In Dortmund realisierte er 1913/14 ein Siedlungskonzept der Dortmunder Villenkolonie Gartenstadt mit 47 Villen und Hauseinheiten im Metzendorf-Stil. Heinrich Metzendorf starb 1912. Im Jahre 2005 wurde die Bensheimer Berufsschule nach ihm benannt.

Metzendorf steht für eine ganze Schule von Architekten, die zu Beginn des 20. Jahrhunderts erhebliche Teile der „besseren" Wohnviertel deutscher Städte, aber auch zahllose öffentliche Einrichtungen mit Bauten im behaglichen Heimatstil prägten. Tradition, Beständigkeit und Gediegenheit ausstrahlend, ist dieser Stil eine sehr deutsche (und österreichische) Variante rückwärtsgewandter bürgerlicher Sehnsüchte vor dem Ersten Weltkrieg.

Die Wurzel dieser Sehnsucht lag in der wehmütig verklärenden Erinnerung an die Zeit der Romantik als einer angeblich von den widrigen Fragen der Gegenwart unbeschwerten heilen Vergangenheit. Dieses Bürgertum hatte mit den heißen

Aufbruchs-Diskussionen einer Wiener Sezession oder einer Pariser Art Nouveau, mit Symbolismus und Décadence und ihren bohrend kritischen Fragen an den Historismus und der Suche nach neuen künstlerischen und geistigen Perspektiven für das beginnende 20. Jahrhundert nicht viel gemein.

Aber man hatte ja das Geld zum Bauen und entlehnte dann allenfalls ein paar dekorative Zitate aus der neuen Kunst- und Architekturszene, zu deren geistigem Hintergrund man ansonsten lieber auf Distanz blieb. Für Darmstadt ist es unübersehbar, dass die Architekten der Mathildenhöhe, aller großherzoglichen Förderung zum Trotz, in der Stadt und von bürgerlichen Auftraggebern keine Aufträge bekamen. Ja, man kann die Geschichte der Planung und der Realisierung des „Tintenviertels" vielleicht sogar als Geschichte bürgerlichen Widerstands gegen das Treiben in der Künstlerkolonie auf der Mathildenhöhe verstehen.

2. Die neue Zeit

Vom Armenhaus zum Wohlstand

Am 13. März 1892 starb in Darmstadt Großherzog Friedrich Wilhelm Ludwig Karl von Hessen und bei Rhein, genannt Ludwig IV., im Alter von erst 54 Jahren an den Folgen eines Schlaganfalls. Die Trauer in der Bevölkerung war allgemein. Sie entsprach – Aufklärung hin oder her – dem Gefühl von Menschen, die es seit unvordenklicher Zeit gewohnt waren, mit dem Tod ihres Herrschers auch ganz persönlich einen wesentlichen Orientierungspunkt im Leben zu verlieren.

Die Beerdigung des Fürsten folgte am 17. März allen pompösen Ritualen, die die monarchistisch-bürgerliche Gesellschaft des Kaiserreichs für solche Fälle vorsah. Unter lebhafter Beteiligung von Beamten, Offizierskorps und Feuerwehr, Geistlichkeit und Schulen, TH-Professoren und studentischen Korporationen, Krieger-, Turn- und Gesangvereinen wurde Ludwig IV. mit fürstlichem Geleit und großen militärischen Ehren auf der Rosenhöhe zu Grabe getragen. Für Darmstadt war es auch das Ende einer Ära.

Ludwigs erst 23-jähriger Sohn Ernst Ludwig übernahm die Darmstädter Regierungsgewalt in einer Zeit stürmischen Anwachsens von Bevölkerung und Wirtschaft, die große Teile des Deutschen Reiches erfasst hatte. Ein kontinuierliches Wirtschaftswachstum und fast täglich neue Erfindungen bewirkten eine weit verbreitete Euphorie besonders der bürgerlichen Kreise, dass man in einer wunderbaren neuen Zeit lebe, verbunden mit glänzenden Aussichten und einer allgemeinen Hebung des Wohlstands. Dieses Gefühl war neu für die Darmstädter.

Ohne nennenswerte Bodenschätze, Handelsplätze oder gar Zugriffsmöglichkeiten auf die Reichtümer der Freien Reichsstadt Frankfurt, dafür aber mit kargen, dünn besiedelten und landwirtschaftlich wenig einträglichen Regionen wie dem Vogelsberg und dem Odenwald und winzigsten, vom Stammland

Bessungen ist zwar eingemeindet, aber der Herdweg noch südliche Stadtgrenze: Blick von der Ludwigshöhe, um 1895

weit entfernten Besitzungen gesegnet, hatte das Fürstentum Hessen-Darmstadt seit Philipp des Großmütigen Zeiten wirtschaftlich ein eher kümmerliches Dasein gefristet.

Umso klüger gestalteten die Darmstädter Monarchen ihre Außen- und das hieß in absolutistischen Zeiten vor allem: ihre Heirats-Politik. Es klingt unglaublich, aber von den hessendarmstädtischen Landgrafen stammen heute sämtliche protestantischen Monarchie-Dynastien in Europa ab. [5]

Im 19. Jahrhundert war das Haus Hessen-Darmstadt schließlich sowohl mit jeweils einer Großmacht im Westen – England –, als auch einer im Osten – Russland – aufs Beste versippt und verschwägert. Das verschaffte dem Großherzogtum eine exklusive Ausnahmestellung unter den deutschen Fürsten angesichts der massiven preußischen Vereinnahmungs-Tendenzen nach 1866. Es bewahrte zum Beispiel Oberhessen davor, in jenen Jahren von Preußen annektiert zu werden. Zar Alexander hatte in Berlin deutlich durchblicken lassen, was er davon

---

5 Freundlicher Hinweis von Herrn Holger Bogs

hielte, wenn man seinem Vetter so etwas antue. Bismarck verstand und machte um Oberhessen einen Bogen. [6]

Die hessen-darmstädtische Ausnahmestellung hatte bis 1914 Bestand, aber in den Köpfen und Herzen der Menschen in Darmstadt blieb sie noch 30 Jahre länger, bis zur furchtbaren Brandnacht vom 11. September 1944. Da legten Bomber ausgerechnet der britischen Royal Air Force die Stadt in einem präzise geplanten Flächenbombardement in Schutt und Asche. Dabei hatten die Darmstädter so fest daran geglaubt, dass die alte dynastische Verbindung zum englischen Königshaus sie vor entsetzlichen Verheerungen wie in anderen deutschen Städten bewahren würde. Ein tödlicher Irrtum, der viele Tausende das Leben kostete.

Aber noch sind wir im 19. Jahrhundert. Darmstadt war ein wenig bedeutendes Provinznest, das von einem Aufstieg nur träumen konnte. Um 1800 hatte das relativ junge und wirtschaftlich arme Darmstadt gerade einmal 9000 Einwohner. Um 1815 waren es bereits mehr als 15.000, und es ging relativ rasch weiter bergauf.[7] Dafür gab es mehrere Gründe: Zum einen war aus dem bisherigen Landgrafen ein Großherzog geworden und das Territorium des Landes hatte sich vergrößert, was eine wesentlich größere Landesverwaltung erforderte und eine größere Garnison zur Folge hatte. Der Ausbau der Stadt durch Moller wiederum machte Darmstadt attraktiv für das Umland, vor allem für Industrieansiedlungen. Zum anderen gab es bald eine neue Gewerbefreiheit. Die Restriktionen der alten Zünfte fielen endlich weg. Handel, Gewerbe und Technik breiteten sich aus.

Bessunger von Geburt: Großherzog Ludwig IV. von Hessen-Darmstadt und bei Rhein (1837–1898)

Der Aufschwung

1803 wurde Hessen-Darmstadt für die linksrheinischen Verluste im Zusammenhang mit dem Reichsdeputationshauptschluss entschädigt. Endlich kam etwas Geld ins eigentlich

---

6 Freundlicher Hinweis von Herrn Dr. Eckhard G. Franz
7 Vgl. Franz, Eckhard: Vom Biedermeier in die Katastrophe des Feuersturms, S. 296; in: Battenberg, Friedrich (Hrsg.) Darmstadts Geschichte

23

bitter arme Ländchen: 1806 schloss sich Hessen, das neue
Großherzogtum von Napoleons Gnaden, auch dem Rhein-
bund an und 1807 der Thurn- und Taxischen Post, 1810 wurde das großherzogliche Theater gegründet, 1819 war das Hof-
theater fertig, 1827 nahm die Firma Merck, entstanden aus
einer kleinstädtischen Apotheke, ihre Produktion auf. Zehn
Jahre später gab es bereits über 20 Fabriken in Darmstadt, die
Main-Neckar-Eisenbahngesellschaft wurde gegründet. Seit
1846 fuhr die erste Eisenbahn von Frankfurt über Darmstadt
nach Heidelberg und zurück, und das drei Mal täglich.

Eisen- und Straßenbahn, Telephon und Telegraph beschleu-
nigten das Lebenstempo, und niemand konnte sich dem ent-
ziehen. 1886 schnaufte die erste Dampf-Straßenbahn, „Feuri-
ger Elias" genannt, nach Eberstadt und nach Griesheim, 1888
brannte in Darmstädter Häusern das erste elektrische Licht,
1897 zuckelte die erste Elektrische von den beiden alten
Kopf-Bahnhöfen an der Rheinstraße zum Böllenfalltor, 1902
wurde das neue Gaswerk in der Frankfurter Straße in Betrieb
genommen. Die Fabriken wuchsen rapide, besonders in den
Geschäftsbereichen Chemie und Maschinenbau. Damit vermehrte sich auch das Steueraufkommen des hessischen Staates
in erfreulicher Weise.

Die Firma Merck hatte im Jahre 1870 noch 100 Angestellte
und Arbeiter, 1910 waren es bereits 1.500. Die Herdfabrik
Roeder beschäftigte 1870 rund 80 Arbeiter, vierzig Jahre

*Für nicht wenige Zeitgenossen noch
gottloses Teufelszeug: Ausfahrt eines
Zuges der Main-Neckar-Bahn
aus dem Heidelberger Bahnhof,
Lithographie von J. Schütz, 1840*

später, 1910, war ihre Zahl auf 600 angewachsen. Darmstadt wuchs in jener Zeit durchschnittlich um 1.600 Einwohner pro Jahr. 63.745 Menschen lebten im Jahre 1895 in Darmstadt, 72.3181 an der Jahrhundertwende. Man war auf dem besten Weg, eine kleine Großstadt zu werden.

Neue, dringend benötigte, Wohnviertel entstanden. Im wegen der vorherrschenden Windrichtung klimatisch weniger begünstigten Norden und Westen Darmstadts wohnten die Arbeiter, im Johannesviertel eher die untere Mittelschicht, im klimatisch besseren Süden der Stadt zu Füßen der Odenwald-Ausläufer plante man neuen und attraktiven Wohnraum für die wachsende Zahl leitender Beamter, wohlhabender Industrieller und Mitarbeiter der Hochschule.

Ein Blick von der Bessunger Ludwigshöhe, dem Darmstädter Hausberg mit seinem Turm und der allseits beliebten Restauration, zeigte den Darmstädter Bürgern ihre Stadt in den Jahren um die Wende zum 20. Jahrhundert malerisch vor den fernen Taunushöhen, aber auch weit entfernt hinter dem bewaldeten Abhang, vielen Äckern und Streuobstwiesen. Entlang der Ludwigshöhstraße und der Heidelberger Straße waren immerhin ein paar Gründerzeithäuser entstanden, aber von einem echten Zusammenwachsen des gerade eingemeindeten altehrwürdigen Dorfes Bessungen mit der wesentlich jüngeren

Residenzstadt Darmstadt konnte noch keine Rede sein, auch wenn entsprechende Planungen längst im Gange waren. Die südliche Bebauungs-Grenze von Darmstadt bildete der (damals noch so geschriebene) Heerdweg, der noch zu Bessungen gehörte und einen jener Wege bezeichnete, auf dem die Bessunger früher ihr Vieh zur Gemeindewiese trieben.

Die Gartenstadt

Das 19. Jahrhundert war eine Zeit rasch aufeinander folgender industrieller Entwicklungsschübe. Parallel zur beginnenden Massenproduktion entstanden Massen-Transportwege und Massenquartiere für die Arbeiterheere. Als Antwort auf die elenden Lebensverhältnisse, Wohnbedingungen und die ins Uferlose steigenden Bodenpreise in den rasch wachsenden Großstädten war in England seit Mitte des Jahrhunderts die Idee einer neuen Form von Stadtentwicklung entstanden: die Gartenstadt. Den Planern des „Tintenviertels" dürfte diese Idee natürlich bekannt gewesen sein, aber in ihr Konzept passte sie nicht wirklich.

Um 1905 sieht der Bürger bei der Maibowle auf der Ludwigshöhe im Süden der Stadt noch Äcker und Streuobstwiesen wie eh und je, aber die Planungen für den neuen Stadtteil sind so gut wie fertig

Denn eigentlich hatte der Vater der Gartenstadt-Idee, Ebenezer Howard (1850–1928), bei seinen sozialreformerischen Überlegungen Großstädte wie London, Paris oder Berlin im Blick gehabt. Er wollte sowohl das unkontrollierte Wachstum am Rande bestehender Großstädte, als auch die Entstehung von Arbeiter-Slums in den Innenstädten bremsen und schlug vor, im Umland völlig neue, menschengerechte Garten-Städte zu gründen. Diese sah er zwar als künftige Vororte, aber vor allem auch als eigene kleine Zentren mit ländlichen, aufgelockerten Siedlungen, natürlich auch Produktionsstätten für die Arbeitsplätze und kulturellen Einrichtungen – und vor allem einem strikt genossenschaftlich organisierten Eigentum an dem wertvollen Bauland.

Mancherorts in Deutschland gab es um die Wende vom 19. zum 20. Jahrhundert und bis in die fünfziger Jahre des 20. Jahrhunderts hinein beeindruckende Planungen und Realisierungen in dieser Richtung, z.B. in Dresden-Hellersdorf, Berlin-Lichterfelde oder Karlsruhe-Rüppurr. Aber die im Kern utopische Gartenstadt-Idee zerfranste auch schnell: Schon 1904 nahm die Gartenstadt-Bewegung Abschied von einer Gesellschafts-Erneuerung und wollte sich nur noch für eine Bodenreform einsetzen.

Aber mehr und mehr bemächtigen sich auch Baugesellschaften des Begriffs, und beim Darmstädter „Tintenviertel" konnte von den alten, quasi-sozialistischen Ansätzen von Anfang an schon gar keine Rede mehr sein. Hier war völlig klar, dass nach der Planung der Stadtverwaltung und der sie beratenden Fachleute der Technischen Hochschule auf den ehemaligen Bessunger Streuobstwiesen keine ländlich aufgelockerte autonome Siedlung mit Wohnungen und Arbeitsstätten in enger Nachbarschaft, sondern ein neues Villenviertel mit parkartigem Charakter, breiten Straßen und vor allem großzügig geschnittenen Grundstücken für gut verdienende Bevölkerungsschichten entstehen sollte. Für Leitende und Angestellte, deren gut bezahlte geistige Arbeitsleistung sich nicht in Stunden oder Werkstücken, sondern allenfalls im Verbrauch von Tinte, Federn und Papier messen ließ. Ein „Tinten"-viertel eben.

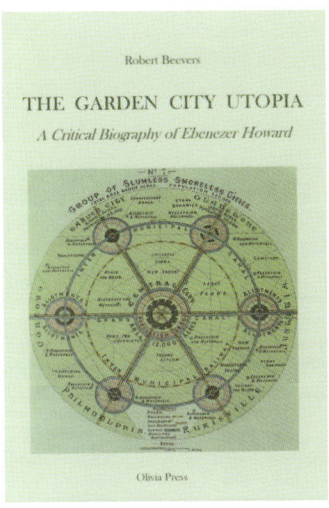

Das stilisierte Ideal der englischen Gartenstadt-Bewegung: „Slum- und rauchlose Städte", dezentral, autark und genossenschaftlich. Titelbild des Buches von Robert Beevers:„The Garden City Utopia" von 1902

3. Das Geflecht der Akteure

Gerade in Hessen-Darmstadt, das unter den Fürstentümern des von Preußen dominierten Kaiserreichs eine gewisse Sonderstellung einnahm, waren die politischen Verhältnisse und Verflechtungen vielschichtig, und in der Landeshauptstadt mit ihrem konservativen, aber diskussionsfreudigen Bürgertum und ihrer aufstrebenden Hochschule waren sie es allemal. Formelle wie informelle Interessen und gegenseitige Abhängigkeiten ergaben immer wieder changierende Allianzen der Handelnden, wenn es um die Durchsetzung kommunalpolitischer Ziele und Planungen ging. Für die Vorgeschichte und die Realisierung des „Tintenviertels" lassen sich mindestens drei verschiedene Ebenen oder Akteure ausmachen:

Der Monarch: Großherzog Ernst Ludwig

Ernst Ludwig Karl Albrecht Wilhelm von Hessen und bei Rhein (★ 25. 11. 1868 † 9.10. 1937) übernahm die Regentschaft nach dem Tod seines Vaters kurz vor der Jahrhundertwende im Alter von 23 Jahren und war dann 26 Jahre lang Großherzog von Hessen und bei Rhein in einer Zeit stürmischer wirtschaftlicher und kultureller Entwicklungen.

Privatunterricht im Schloss nach dem Lehrplan des Ludwig-Georgs-Gymnasiums in Darmstadt und insgesamt sechs Semester Studien der Rechtswissenschaften in Leipzig und Gießen hatten den künftigen Monarchen nicht eben umfassend auf sein künftiges Amt als Regierungschef vorbereitet. Formal wichtiger schien für den Hof seine militärische Laufbahn. Bereits mit 16 Jahren bekam er wegen einer Reise nach Russland die Uniform des 1. Großherzoglich Hessischen Infanterie-Regiments Nr. 115, dessen Inhaber (Befehlshaber) er 1892 wurde. Begeistert oder auch nur ernsthaft interessiert hat ihn das Militärische allerdings nie.

Schon früh erwarb sich dagegen der junge und temperamentvolle Enkel der britischen Königin Victoria, der den Zaren von Russland seinen Vetter nennen konnte, den Ruf eines „Bewunderers und Förderers der Schönen Künste". Seine Großmutter Victoria hatte ihn bereits in jungen Jahren mit der britischen Arts-and-Crafts-Bewegung vertraut gemacht, die eigentlich dem gleichen Wunsch nach Rückbesinnung auf überkommenes Handwerk entsprang wie der Historismus, aber völlig neue Ausdrucksformen entwickelte und für ganz Europa zur Begründerin des Jugendstils wurde. Auf zahlreichen Reisen durch Europa hatte Ernst Ludwig die Kunstszene studiert und zahlreiche Kontakte zu Künstlern geknüpft. Förderer der Kunst, das entsprach der eigentlichen Neigung des Großherzogs. Selbst künstlerisch ambitioniert, begründete er unter dem Schlagwort „Mein Hessenland blühe und in ihm die Kunst" 1899 als fürstlicher Mäzen die Darmstädter Künstlerkolonie.

Spielt da ein ironisches Lächeln um die Mundwinkel? Fürstlich-staatstragende Porträt-Malerei vom Großmeister des Lasziven, Franz von Stuck: Großherzog Ernst Ludwig, 1907

Das Projekt Mathildenhöhe

Auf der Mathildenhöhe, der höchsten Erhebung in der Darmstädter Innenstadt, war 1833 ein Garten des großherzoglichen Hofes im Stil eines englischen Landschaftsparks angelegt worden. Dort sollte nun so etwas wie ein künstlerisches Laboratorium der neuen Zeit entstehen. Von der Verbindung aus Kunst und Handwerk erwartete der Monarch auch eine wirtschaftliche Belebung für sein Land: Im besten Fall würden hier neuzeitliche Bau- und Wohnformen entstehen, die eine Nachfrage erzeugen und die heimische Architektur, aber auch Manufakturen der Inneneinrichtung mit Aufträgen versorgen könnten.

Auf finanziell freundlich unterstützte Einladung des Großherzogs kamen junge Künstler aus den Metropolen des Jugendstils nach Darmstadt: 1899 die Architekten Joseph Maria Olbrich aus Wien und Peter Behrens aus München, sowie der Maler Hans Christiansen aus Paris. Zu den Männern der ersten Stunde gehörte auch der Darmstädter Bildhauer Ludwig Habich. Ebenfalls dabei, aber heute in Darmstadt fast vergessen, waren der Maler Paul Bürck und der Künstler Patriz Huber, die aus München kamen und der Bildhauer

Proklamation des Ornaments: Plakat von Joseph Maria Olbrich für die Ausstellung der Künstlerkolonie Darmstadt 1901

Rudolf Bosselt, den der Ruf des Großherzogs in Paris ereilte. Manche verließen die Darmstädter Künstlerkolonie schon nach wenigen Jahren wieder, andere wie der Architekt Albin Müller kamen 1906 und der Bildhauer und Maler Bernhard Hoetger 1909 dazu. Fast alle diese Künstler waren noch sehr jung. Das war es, was der Großherzog wollte: die junge Kunst zu fördern. „Und ich mitten darunter", wird er zitiert, „dafür war ja meine Stellung gut, denn ich konnte den Künstlern helfen, wo sie allein nicht durchgedrungen wären." [8]

1901 erfolgte die erste große Ausstellung der Künstlerkolonie unter dem Titel *Ein Dokument deutscher Kunst*. Weitere Ausstellungen folgten 1904, 1908 und 1914. Aber diese europaweit beachteten Veranstaltungen strahlten in ihre unmittelbare Umgebung, die Stadt Darmstadt, nur wenig aus. Allenfalls die Möbel- und die keramische Industrie erhielten Impulse von den neuen Gestaltungs-Ideen, die auf der Mathildenhöhe zu besichtigen waren, nicht aber die Bauwirtschaft. Zwar bedienten sich Darmstädter Architekten in den kommenden Jahren gerne und reichlich dekorativer Bau-Zitate aus dem Fundus des Jugendstils, etwa bei der Pauluskirche, dem Hauptbahnhof oder dem Zentralbad, bei Wohnbauten in der Bessunger Moosbergstraße oder im Rhönring. Ein eigenes Bauvorhaben scheint aber keiner der Künstler auf der Mathildenhöhe jemals im Stadtgebiet realisiert zu haben.

Darmstadt und der Denkmalschutz

Es gehört zu den Gleichzeitigkeiten unterschiedlichster kultureller Entwicklungen jener Zeit, dass das Großherzogtum Hessen als erstes der deutschen Länder ein modernes Denkmalschutzgesetz erhielt. Bereits 1818 hatte der Baumeister Georg Moller den Großherzog Ludewig I. überzeugt, den Schutz historischer Gebäude von Staats wegen zu sichern. Durch das Engagement Mollers war beispielsweise auch die tausend Jahre alte Torhalle der karolingischen Benediktiner-

8 Zitiert nach Evers: Vom Historismus zum Funktionalismus; S. 50

abtei Lorsch vor dem Abriss bewahrt worden. Die allgemeine Rückbesinnung auf vergangene Bautraditionen in Historismus und Heimatschutz-Gedanken beförderte dann gegen Ende des 19. Jahrhunderts den Denkmalschutzgedanken nachhaltig. Im Juli 1902 erließ Großherzog Ernst Ludwig als erster der deutschen Fürsten ein Denkmalschutzgesetz in modernem Sinne.

Die drei Professoren der Architekturabteilung der Technischen Hochschule – Georg Wickop, Friedrich Pützer und Heinrich Walbe – wurden kurzerhand zu Denkmalpflegern in den drei hessischen Provinzen ernannt. Das passte nicht nur von der Grund-Profession her: Alle drei hatten sich auch im Zuge ihrer Ausbildung bei der Beschäftigung mit dem Historismus intensive Kenntnisse historischer Bautechniken angeeignet. 1904 wurde Paul Meissner bei der Ministerialabteilung für Bauwesen der hessischen Regierung angestellt, als Stellvertreter und „Hilfsarbeiter" des Denkmalpflegers für die Provinz Rheinhessen (Pützer). Meissner hatte damals schon einige Erfahrung im Umgang mit Baudenkmälern, nicht zuletzt aus seinem Studium bei einem der Väter der Neugotik, Carl Schäfer, in Berlin. 1895 bis 1901 hatte Meissner bereits dem Freiburger Stadtbauamt als beratender Architekt beim Umbau des historischen Freiburger Rathauses zur Seite gestanden. 1902 hatte Meissner das bekannte Michelstädter Fachwerk-Rathaus restauriert. Und auch in Rheinhessen gab es genug zu tun.

Die Technische Hochschule und ihre Professoren

Der Weg zur Gründung der Technischen Hochschule in Darmstadt war schwierig und langwierig gewesen. Das hatte mit dem ausschließlich humanistischen Bildungsideal der beginnenden Neuzeit zu tun. Bereits im 18. Jahrhundert diskutierte man heftig darüber, ob den „realistischen", d.h. technischen Lehranstalten bildungsmäßig etwa der gleiche Rang zustehen dürfe wie den humanistischen. Der Direktor des Darmstädter Gymnasiums, Julius Friedrich Karl Dilthey, und der Direktor der „Höheren Gewerb- und Realschule", Theodor Schacht, führten in den 30er Jahren des 19. Jahrhunderts darüber eine hitzige öffentliche Debatte.

Seit 1812 hatte Darmstadt eine Bauschule für die Handwerker-Weiterbildung. 1826 folgten eine Realschule, 1836 eine Höhere Gewerbeschule und 1869 eine Polytechnische Schule. Alle waren weit davon entfernt, zu akademischen Ehren zu verhelfen. Wer diese anstrebte, musste zur Landesuniversität in Gießen wechseln. Auch die Fächer waren noch nicht streng getrennt. Karl Balthasar Harres (1777–1868) fungierte zum Beispiel gleichzeitig als Lehrer des Bau- und Maschinenfachs und auch für Architektur.

Der Widerstand der humanistisch-konservativ gesinnten hessen-darmstädtischen Administration gegen die Erfordernisse der neuen Zeit war zäh und kostete Jahrzehnte. Erst 1877 erhielt die Polytechnische Schule ein neues Organisationsstatut mit dem Abitur als Eingangsvoraussetzung und dem Diplom als Abschluss und wurde damit zur Großherzoglich Technischen Hochschule. Im benachbarten Großherzogtum Baden war man wesentlich schneller und hatte schon 50 Jahre früher das Polytechnikum Karlsruhe nach dem Vorbild der Pariser École Polytechnique gegründet.

Zwei große internationalen Elektrizitätsausstellungen in Paris 1881 und München 1882 erregten weltweit Aufsehen. Bisher hatten Dampf und Gas als Energieträger die industrielle Entwicklung vorangetrieben. Nun bot die Elektrizität eine neue Energieform mit faszinierenden Entwicklungsmöglichkeiten und weitreichenden Folgen für Technik und Gesellschaft. Das veranlasste die hessische Landesregierung, an der Technischen Hochschule die weltweit erste Professur für Elektrotechnik einzurichten. Weitere Studiengänge folgten. Am 25. November 1899 verlieh Großherzog Ernst Ludwig der Technischen Hochschule das Promotionsrecht, wofür diese sich ein halbes Jahr später am 6. Juli 1900 mit der Verleihung der Ehrendoktorwürde (Doktor-Ingenieur) revanchierte.

Natürlich übte der neue Lehrstuhl für Elektrotechnik unter der Leitung seines ersten Ordinarius Erasmus Kittler eine besondere, geradezu exotische öffentliche Faszination aus. Aber die Elektrifizierung der Gesellschaft war erst im Entstehen und wurde zudem überwiegend privatwirtschaftlich organisiert. Dagegen hatte der hessische Staat in wachsendem Maße Bedarf an bautechnischen Fachleuten bei der Planung und Erstellung öffentlicher Gebäude. Das führte dazu, dass die Ordinarien des Fachbereichs Architektur der TH gleichzeitig in allerlei staatlichen Bau-Gremien saßen und später auch wie selbstverständlich die Leitung der neu entstehenden Denkmalpflege übertragen bekamen.

Im Jahre 1897 gab es drei Professoren für Architektur an der Technischen Hochschule: Alexander Erwin Marx (1841–1901), Professor seit 1873, Georg August Wickop (1861–1914), Professor seit 1895, und seit diesem Jahr noch Karl Hoffmann (1865–1933). 1902 kamen noch Heinrich Rudolf Walbe (1865–1954) und 1903 Ernst Friedrich Vetterlein (1873–1950) hinzu. Der Fachbereich wurde ausgebaut. Das entsprach dem wachsenden Bedarf an gut ausgebildeten Architekten und Baumeistern in Zeiten der wirtschaftlichen Prosperität. Bereits 1897 hatten die drei damaligen Ordinarien einen jungen Assistenten bekommen – gemeinsam. Sein Name war Friedrich Pützer.

Zwischen Tradition und Moderne:
Friedrich Pützer

Der Sohn eines Schuldirektors wurde am 25. Juli 1871 in Aachen geboren. Er studierte an der Technischen Hochschule Aachen bei Karl Henrici. Es war eine Zeit des Umbruchs im Städtebau. Neugotik und Historismus besannen sich zurück auf alte Bau-Ästhetik und alte handwerkliche Tugenden. Henrici beschäftigte sich intensiv mit der Baukunst der alten deutschen Städte und propagierte eine „malerische Architektur". Besonders die Backsteinbauten des Nordens hatten es ihm angetan.

1897 kam Friedrich Pützer nach Darmstadt. Max Guther, Nach-Nachfolger Pützers an der Technischen Universität, hat diesen Moment einfühlsam beschrieben:

„Für jeden, der mit der Eisenbahn nach Darmstadt kommt, wird der schöne Hauptbahnhof, ein Werk Pützers, zum ersten freundlichen Eindruck. Er, der in Aachen geboren wurde und dort an der TH vor allem bei Karl Henrici (1842 – 1927) Architektur studiert hatte, kommt 1897 noch am alten Bahnhof an. Der stand ... an der Rheinstraße da, wo heute die von Theo Papst entworfene Kunsthalle steht. Pützer kann mit der Straßenbahn in die Stadt hinein fahren, die ist gerade eröffnet worden, und am Schloss aussteigen, von wo er nur wenige Schritte bis zur Technischen Hochschule hat, wo er nun Diener dreier Herren wird."[9]

Die „drei Herren" waren die Architektur-Professoren Erwin Marx, Karl Hofmann, und Georg Wickop. Bei allen dreien gemeinsam hatte Friedrich Pützer eine Assistentenstelle erhalten. Was dies für eine enorme Arbeitsleistung bedeutete, kann man sich vorstellen. Aber schon 1898 habilitierte sich der brillante junge Architekt. Im Jahre 1900 wurde er außerordentlicher Professor an der Technischen Hochschule.

Im gleichen Jahr erhielt Pützer vom Magistrat der Stadt Darmstadt den Auftrag, für das Quartier zwischen Herdweg, Nieder-Ramstädter Straße, Schießhaus und Martinstraße, das

---

9 Guther, Max: Friedrich Pützer. Architekt – Städtebauer – Hochschullehrer; S. 7

damals noch so genannte „*Herdweg-Viertel*" einen Bebauungs-plan aufzustellen. Schon vor ihrer Realisierung galt diese Planung als gelungenes Beispiel für jenes Städtebau-Konzept, das Pützer leidenschaftlich vertrat: Städtebau nach künstlerischen Grundsätzen.

1901 starb überraschend der dienstälteste Professor des Architektur-Fachbereichs, Erwin Marx, im Alter von 62 Jahren. Friedrich Pützer wurde 1902 sein Nachfolger als ordentlicher Professor für „Städtebau, Perspektive und Stegreifentwurf". Gleichzeitig übernahm er das neu geschaffene Amt eines Denkmalpflegers für die hessische Provinz Starkenburg.

Am 10. Juli 1908 berief das Großherzogliche Oberkonsistorium der Hessen-Darmstädtischen Evangelischen Kirche mit Zustimmung der Landessynode den (katholischen!) Friedrich Pützer rückwirkend zum 1. April des Jahres zum Kirchbaumeister. Die Stelle war längere Zeit vakant gewesen. Die kirchliche Chronik vermerkt:

„*Der Kirchbaumeister ist fortan technischer und besonders künstlerischer Berater des Oberkonsistoriums in allen das kirchliche Bauwesen einschließlich der die Inneneinrichtungen und Beschaffung kirchlicher Geräte usw. betreffenden Fragen.*"[10]

1909 wurde die alte Bessunger Kirche nach Plänen von Pützer grundlegend umgebaut, 1910 auch die Kirche von Eberstadt[11] und in der Folge zahlreiche weitere Kirchen im Rhein-Main-Gebiet.

In Darmstadt selbst baute Pützer Teile der Hauptverwaltung der Merck KGaA, den neuen Hauptbahnhof (1907–1912) und während des Ersten Weltkriegs, als anderswo die Bautätigkeit zum Erliegen gekommen war, in Jena das Turmhaus der Carl Zeiss AG, mit elf Stockwerken und einer Höhe von 43 Metern das erste Hochhaus Deutschlands (1915/16). Mehrfach hätte er einem Ruf an eine andere renommierte deutsche Hochschule

Rastloser Städtebauer und Denkmalpfleger: Friedrich Pützer (1871–1922)

---

10 Jaekel, a.a.O., S. 43
11 Jaekel, a.a.O., S: 48 u. 56

Bemerkenswert, aber nie realisiert: Pützer-Entwurf für die Gestaltung des Friedensplatzes, 1920

folgen können, so nach Hannover, Berlin-Charlottenburg oder München. Aber er blieb der Technischen Hochschule Darmstadt treu und lehrte dort bis zu seinem frühen Tod.

Gedankenwelt und Arbeitsergebnisse der Darmstädter Sezession auf der Mathildenhöhe blieben Pützer und seinen Kollegen im Fachbereich Architektur an der Technischen Hochschule stets fremd. Aber Pützer übernahm durchaus dekorative Elemente des Jugendstils, etwa bei der Pauluskirche oder im Darmstädter Hauptbahnhof, ließ sich auch vom Expressionismus beeinflussen. Doch er blieb dem traditionellen Bauen zutiefst verbunden, seinen Professoren-Kollegen an der Technischen Hochschule ging es ähnlich, und diese hatten wie Pützer bei Fragen der Stadtplanung oder öffentlicher Aufträge ein gewichtiges Wort mitzureden. Das mag, neben der konservativen Grundstimmung im Darmstädter Bürgertum, ein weiterer Grund sein, warum die Architekten der Darmstädter Künstlerkolonie nie einen nennenswerten Einfluss auf das Gesamtbild der Stadt bekamen.

Pützer war eher Praktiker als Theoretiker. Er hat kaum etwas publiziert. Vielleicht deshalb gerieten er und seine wegweisenden Leistungen für den Städtebau über Jahrzehnte in Vergessenheit. Erst Veröffentlichungen seines Nach-Nachfolgers Max Guther haben das seit Ende der 70er Jahre des vorigen Jahrhunderts geändert.

Friedrich Pützer starb im Alter von erst 51 Jahren, am 31. Januar 1922 nach eineinhalbjähriger schwerer Krankheit in

Frankfurt am Main. Er liegt auf dem Darmstädter Waldfriedhof begraben. Sein schlichtes Grabmal wurde von Augusto
Varnesi gestaltet, einem jahrzehntelangen Professoren-Kollegen an der Technischen Hochschule.

Als Assistent am Fachbereich Architektur der FH hatte er
1897 seine akademische Laufbahn begonnen. Wenige Jahre
später erhielt er selbst einen Assistenten, einen hoch begabten
Architekten, der ihm zunächst als Assistent und „Hilfsarbeiter" in der Denkmalpflege zugeteilt wurde und später sein
Professorenkollege an der TH werden sollte. Dessen Name
war Paul Meissner.

Bauten Friedrich Pützers (Auswahl)

ab 1900	Darmstadt: Bebauungsplan für das Paulusviertel
1900–1903	Aachen: Stadthaus am Katschhof
1904	Darmstadt: Erweiterung der Elektrotechnischen Fakultät der TH
1905	„Pützerturm", Repräsentationsbauten und Arbeiterwohnsiedlung des Chemie-Unternehmens Merck
1905	Frankfurt/Main: Matthäuskirche
1906	Darmstadt: Brunnen des Bismarckdenkmals
1907	Darmstadt: Pauluskirche
1907	Affolterbach (Odenwald): Evangelisch-reformierte Kirche
1908	Darmstadt: Hauptbahnhof
1908	Neckarsteinach: katholische Kirche
1910	Darmstadt-Bessungen: Umbau der evangelischen Petruskirche
1910	Wiesbaden: evangelische Lutherkirche
1912	Worms: evangelische Lutherkirche
1913	Darmstadt-Eberstadt: Umbau der evangelischen Dreifaltigkeitskirche
1913	Budenheim: evangelische Kirche
1915	Düsseldorf-Benrath:
1916	Jena: Hochhaus der Carl Zeiss AG (ältestes Hochhaus Deutschlands)

Denkmalschutz und Stahlbeton: Paul Meissner

Paul Meissner, geboren am 7. Mai 1868 in Eisleben, war Sohn eines Bankdirektors. Er hatte Baukunst an der Technischen Hochschule in Berlin-Charlottenburg studiert. Besonders geprägt wurde sein Verständnis von Architektur durch Carl Schäfer, 1885 bis 1894 in Berlin Professor für Baukunst des Mittelalters. Schäfer galt als einer der wichtigsten Vertreter der Neugotik und des Historismus. Er plädierte dafür, den gotischen Stil nicht einfach nachzuahmen, sondern ihn als allgemeines konstruktives Prinzip zu nutzen und auch zu variieren. Er förderte lokale Bautraditionen, propagierte den praktischen Unterricht in Bauhütten und Werkstätten und entwickelte eine Vorliebe für Fachwerkbauten und Mischkonstruktionen. Damit wurde Schäfer einer der Vorläufer des Heimatstils nach 1900.

Einige Jahre arbeitete Paul Meissner als Architekt in Freiburg. Einer seiner ersten größeren Aufträge war die Mitarbeit bei der Sanierung des alten Freiburger Rathauses 1895 bis 1901. 1902 kam Meissner nach Darmstadt. Im gleichen Jahr heiratete er Clara Külz und wohnte mit ihr zunächst in der Roßdörfer Straße 89, später in der Eichbergstraße 6. Beide Häuser gingen in der Darmstädter Brandnacht unter.

1905 gelang Meissner der Durchbruch mit dem Entwurf zum Neubau der Hessischen Landeshypothekenbank im Zentrum des neu entstehenden „Tintenviertels" auf der Bessunger Gemarkung im Süden von Darmstadt. Der Bau wurde in den folgenden Jahren realisiert, ebenso wenig später das großbürgerliche zweigeschossige Wohnhaus Carl Merck am Paulusplatz, das von einem gewaltigen Mansardendach gekrönt war.

Meissner habilitierte sich an der Technischen Hochschule Darmstadt, wurde am 1. Januar 1907 Professor und lehrte als Privatdozent vom Wintersemester 1909/10 an bis 1933 Baukunst.

Salonbild früher Jahre:
Paul Meissner mit Ehefrau
Clara, um 1905

1908 baute Meissner – auch mit der Landeshypothekenbank noch beschäftigt – das neue, heute veränderte Finanzamt, 1909 das reizvolle und ganz im Heimatschutzstil gehaltene „Gasthaus Einsiedel". Auch in der Villenkolonie Buchschlag sind einige seiner Häuser erhalten. 1928/29 erbaute er die klassizistisch anmutende Wandelhalle in Bad Wildungen, und 1932 gestaltete er Anlage und Bauten des Rüsselsheimer Waldfriedhofs.

Zu Recht weist Meissner-Biograph Zimmermann darauf hin, dass Meissner „zugleich gestaltender Baukünstler, Denkmalpfleger und Hochschullehrer" war und sich „allen diesen Berufsbereichen … mit der gleichen Intensität und seiner ganzen, durch und durch künstlerisch geprägten Persönlichkeit"[12] widmete. Die Bau-Kunst im tiefen, klassischen Sinn war seine Leidenschaft.

Vom Freund porträtiert: Büste Paul Meissners von Heinrich Jobst, 1929

Zu viele wichtige Bauten konzipierte und baute Meissner im Laufe seines Architektenlebens, um sie hier alle aufzuführen. Viele davon haben das Stadtbild von Darmstadt geprägt. Eine Auswahl folgt im Anhang. Im Jahre 1910 begann für Meissner eine zwei Jahrzehnte dauernde Zusammenarbeit mit der Firma Dyckerhoff & Widmann in Wiesbaden-Biebrich. Er hatte sich intensiv mit dem relativ neuen Werkstoff Beton beschäftigt, ohne den viele seiner Bauten in den folgenden Jahren nicht zu realisieren gewesen wären: Brücken wie die Moselbrücke in Trier, jene über die Saar in Saarbrücken/St. Johann und über den Rhein bei Remagen. Fabrikhallen und -gebäude für die Firma Opel in Rüsselsheim oder das Verwaltungsgebäude der Maschinenfabrik Goebel in Darmstadt.

Im Frühjahr 1933, wenige Wochen nach der Machtergreifung der Nationalsozialisten, kam es zu einem Eklat: Am 5. März 1933, dem Tag der Reichstagswahl, weigerte sich Paul Meissner als Dekan der Architektur-Fakultät, die Hakenkreuzfahne hissen zu lassen. Das führte zu heftigen Auseinandersetzungen mit nationalsozialistischen Studenten unter der Führung von

12 Zimmermann: Paul Meissner, ein Darmstädter Baukünstler; in: Archiv für hessische Geschichte und Altertumskunde NF 49/1991, S. 296

„Herzliche Grüße aus Mainz. Vielleicht doch?" Postkarte Meissners vom März 1934 an seine Tochter Emmy, auf der er seine Gedanken zur Restaurierung der Westtürme des Doms skizzierte. Die Hoffnung auf einen entsprechenden Auftrag war vergeblich.

Karl Lieser, Assistent an der Fakultät und soeben der NSDAP beigetreten. Lieser wurde zunächst entlassen, aber wenig später durch den Reichsstatthalter Jakob Sprenger wieder eingesetzt.

Lieser schickte Mitte Mai 1933 eine Denkschrift an das Ministerium und den Rektor, in der er die „geistige Verjudung" der Architekturabteilung anprangerte und deren Umbau „in nationalsozialistischem Sinn" vorschlug. Jeder Professor erhielt eine Charakteristik: Paul Meissner wurde als „taktlos, unzuverlässig und verjudet"[13] bezeichnet.

Monatelang kämpfte Paul Meissner, unterstützt von Kollegen, um sein Lehramt, wurde aber Ende Juli 1933 emeritiert. Seine Position als Denkmalpfleger behielt er zunächst, gab aber auch diese im Mai 1935 auf und widmete sich mit Unterstützung der Evangelischen Landeskirche nur noch einer einzigen großen Aufgabe: Der gründlichen Sicherung der seit 1698 schwer beschädigten und 1878–1888 mit verhängnisvollen und zerstörerischen Baufehlern restaurierten gotischen Katharinenkirche in Oppenheim am Rhein.

Bei den Arbeiten kam Meissner sein tiefes Verständnis gotischer Bauweise zugute, das er seinem Lehrmeister Carl Schäfer in Berlin verdankte. 1932 hatte er in einem Gutachten für die Evangelische Landeskirche nachgewiesen, dass nur eine umfassende Restaurierung praktisch der gesamten Katharinenkirche einen weiteren irreparablen Verfall würde verhindern können. Im Rahmen eines nationalsozialistischen Arbeitsbeschaffungsprogramms wurden Mittel zumindest für die wichtigsten Maßnahmen bereitgestellt, etwa die Wiederherstellung des Westchors und die Stabilisierung des Vierungsturms. Auch die verfehlte Dachsanierung der Seitenschiffe aus dem vorigen Jahrhundert wurde bereinigt.

Meissners dringender Vorschlag, den Westchor wieder farbig zu verglasen und im Innenraum wieder die alte Sichtverbindung zwischen Ost- und Westchor wiederherzustellen, wurde

---

13 Technische Universität Darmstadt (Hrsg.): Die THD unter dem NS-Regime; Darmstadt 1998; S. 17

aus Geldmangel nicht mehr realisiert. Die Arbeiten, zu denen auch der Darmstädter Bildhauer Heinrich Jobst hinzugezogen wurde, endeten 1937. Am 4. August wurde der letzte Stein des Westchorgewölbes eingesetzt. Ein von Meissner auf der Rückseite unterschriebenes Foto von diesem Tag zeigt ihn und Jobst auf der Treppe zur Katharinenkirche inmitten der Bauleute und Honoratioren. Meissners denkmalpflegerisches Meisterwerk war damit abgeschlossen.

Paul Meissner starb am 5. September 1939 und wurde auf dem Darmstädter Alten Friedhof begraben. Seine Frau Clara folgte ihm wenige Wochen später durch Freitod. 1990 beschloss der Magistrat der Stadt Darmstadt auf Antrag einer Enkelin Meissners, das Grab in ein Ehrengrab der Stadt umzuwandeln.

Paul Meissner und Heinrich Jobst bei der Abschlussfeier zur Sanierung der Oppenheimer Katharinenkirche

Bauten Paul Meissners (Auswahl)

1902	Michelstadt (Odenwald): Wiederherstellung des Fachwerk-Rathauses
1904–1906	Offenbach: Restaurierung des Schlosses
1906–1908	Darmstadt: Landeshypothekenbank
1907–1908	Worms-Neuhausen: evangelische Kirche
1908	Darmstadt: Neubau des Finanzamts
1909	Darmstadt: Gasthaus Einsiedel
1911–1912	Trier: Moselbrücke
1912–1915	Saarbrücken-St. Johann: Saar-Brücke
1914	Darmstadt: Gartensaal des Heylshofes in der Weyprechtstraße
1911–1923	Rüsselsheim Fabrikgebäude der Firma Opel
1922–1923	Darmstadt: Verwaltungsgebäude der Maschinenfabrik Goebel
1928–1929	Bad Wildungen: Brunnenumrandung mit Wandelhalle
1928–1930	Marburg: Hallenschwimmbad
1932	Rüsselsheim: Waldfriedhof
1935–1937	Oppenheim: Restaurierung des Westchors der Katharinenkirche

Der selbst bauende Stadtrat: August Buxbaum

August Buxbaum wurde am 14. April 1876 in Langenbrombach geboren, besuchte in Bensheim das Gymnasium und studierte bis 1898 an der TH Darmstadt bei Alexander Marx, Karl Hofmann und Georg Wickop Architektur – allesamt überzeugte Vertreter des Historismus. Erst 22 Jahre alt, verließ er die Hochschule als Diplomingenieur und arbeitete einige Jahre lang in Berlin, Nürnberg und Worms.

Im Oktober 1904 kam Buxbaum nach Darmstadt zurück und fand Anstellung im Stadtbauamt. In seinem eigenen, 1931 für das Stadtarchiv Darmstadt verfassten Lebenslauf schreibt er sich bereits für dieses Jahr Entwurf und Durchführung des Erweiterungsbaus des Stadtkrankenhauses zu und für die Folgejahre die Verantwortung für eine große Zahl weiterer städtischer Bauten. 1906 wurde er Stadtbauinspektor, 1909 Stadtbaurat.

Wie kaum ein anderer beeinflusste August Buxbaum, von 1918 bis 1930 ehrenhalber auch Bürgermeister, in diesen 25 Jahren das Darmstädter Stadtbild. Seine Bauten und auch seine zahlreichen Zeichnungen belegen seine Anhängerschaft für den Heimatschutzstil. Dem Jugendstil der Darmstädter Künstlerkolonie stand er nach vielen zeitgenössischen Zeugnissen sehr kritisch gegenüber. Was ihn nicht daran hinderte, in seinem Lebenslauf von 1931 ausdrücklich zu betonen, er habe 1907/08 als Mitarbeiter von Olbrich das Ausstellungsgebäude auf der Mathildenhöhe und die Ausgestaltung seiner ganzen Umgebung geschaffen. [14]

Überhaupt scheint August Buxbaum, wo es nötig war, eine gehörige Portion Flexibilität an den Tag gelegt zu haben, vor allem in der Selbstdarstellung. 1931 verfasste er, nach seiner erzwungenen Versetzung in den Ruhestand, einen Lebenslauf für das Stadtarchiv, der sich wie eine Rechtfertigungsschrift angesichts der vorangegangenen politischen Auseinandersetzungen und persönlich erfahrenen Kränkungen liest. Dort vermerkt er:

Schon mal für die Nachwelt: Gipsform einer Buxbaum-Büste von Heinrich Jobst um 1928 im Staatsarchiv Darmstadt. Der Verbleib des Bronze-Originals ist unbekannt.

14 HStAD Sign. R 12P/581

„Die städtischen Anlagen und Gärten vermehrte ich und brachte sie auf ein künstlerisches Niveau. In den Besitz der Stadt brachte ich den Herrengarten, den Orangeriegarten, den Prinz Emilsgarten. An neuen Anlagen sind zu erwähnen die Rathenau-Anlagen, die Anlagen am Hauptbahnhof, am Exerzierplatz, der Rosengarten an der Hindenburgstraße, die Anlagen am Paulusplatz und am Alfred Messelweg. Ich kaufte für die Stadt riesige Flächen billigen Geländes und betrieb damit aktive Bodenpolitik. ... Besonders aber war ich tätig für die Erhaltung des Stadtbildes im Sinne eines vernünftigen Heimatschutzes und einer vornehmen künstlerischen Haltung. [15]

Prägte bis 1930 das Darmstädter Stadtbild wie wenige andere: August Buxbaum, um 1925

Um Buxbaum fand sich eine kleine Architekten-Gruppe zusammen, zu der auch die Denkmalpfleger Hessens gehörten. Sie befassten sich mit der von ihnen so genannten Heimatlichen Bauweise, einer verfeinerten Form des Heimatschutzstils. Besonders Landhäuser und Villen sollten möglichst ausschließlich mit heimischen Materialien gestaltet werden. In den Jahren zwischen 1900 und dem Ersten Weltkrieg bauten Mitglieder dieser Gruppe – und einige auswärtige Gleichgesinnte – die Darmstädter Villenviertel und achteten sehr darauf, dass ihre Stil-Prinzipien eingehalten wurden. Aber auch für Verkehr und Fremdenverkehr wusste sich Buxbaum verantwortlich:

„Außerdem förderte ich den Verkehr in Darmstadt und war bestrebt, die Darmstädter Geschäftswelt zu einer künstlerischen Haltung ihrer Auslagen und Erker zu veranlassen, weil gerade dieser Eindruck auf Fremde am nachhaltigsten wirkt. Den ersten umgestalteten Schaufenstern folgten bald andere in großer Zahl nach."

Und fast 20 Jahre nach dem Ende der Künstlerkolonie Mathildenhöhe das freimütig gegen den ehemaligen Landesherrn gerichtete, aber wenig Courage mehr erfordernde Bekenntnis:

„Das Schlagwort von der ,Kunststadt Darmstadt' habe ich immer bekämpft."

---

15 a.a.O.

Monumental gerieten – damals noch unter dem Einfluss des Großherzogs – Buxbaums Planung und Realisation des Darmstädter Waldfriedhofs (1913–1922). In einem weiten Halbkreis mit einem prächtigen Rondell in der Mitte, imposantem Haupteingang, Kolonnaden und zwei kuppelgekrönten Trauerhallen an den beiden Enden erstreckt sich ein großer Platz, der genau besehen ein architektonisches Zitat des Petersplatzes in Rom darstellt. Buxbaum sicherte sich hier in erster Lage gleich links neben dem Eingang den Platz für ein Familiengrab.

Im Ersten Weltkrieg diente Buxbaum nach eigenen Angaben als Leutnant der Landwehr bei der schweren Artillerie des Feldheeres. Gleich nach Kriegsende kehrte er nach Darmstadt zurück und erhielt noch 1918 für 12 Jahre befristet zusätzlich zu seinem Amt als Stadtbaurat den Titel eines Bürgermeisters, aber ohne weitere Funktionen.

Am 22. Februar 1930 hätte die Wiederwahl Buxbaums stattfinden müssen. Die Wochen zuvor gerieten zu einer lokalpolitischen Schlammschlacht zwischen DVP und SPD. Schon im Januar wurden im SPD-nahen „Hessischen Volksfreund" Gerüchte kolportiert, Buxbaum sei amtsmüde, seine Gesundheit angeschlagen und er wolle nicht wieder kandidieren. Die Sozialdemokraten wollten ihn weg haben, die DVP wollte ihn halten.

Tatsächlich hatte sich Buxbaum mit seinem Widerstand gegen die Vermischung persönlicher und politischer Interessen Feinde gemacht: Stadträte sollten seiner Meinung nach keinesfalls an städtischen Wohnungsbaugenossenschaften beteiligt sein, und der Mietzins für Stadträte in städtischen Wohnungen sollte keinesfalls ermäßigt werden.

In der Tagespresse gab es heftige Polemiken von beiden Seiten. Im sozialdemokratischen „Hessischen Volksfreund" wurden Buxbaum Eigenmächtigkeit, Gereiztheit, mangelndes Erinnerungsvermögen und Unfähigkeit vorgeworfen. Er habe es nicht vermocht, hieß es, „die mit den Folgen der Nachkriegszeit verbundenen schwierigen wirtschaftlichen Verhältnisse zu meistern"[16] Bitter vermerkte Buxbaum in seinem Lebenslauf für das Stadtarchiv von 1931:

„Am 20.2. 1930 beschloß der Stadtrat mit 25 Stimmen der Sozialdemokraten, Kommunisten, Datterich-Partei und des Zentrums gegen 25 Stimmen der bürgerlichen Parteien meine Versetzung in den Ruhestand."

Das Patt bedeutete: Es gab keine Mehrheit für eine Verlängerung. Einige Monate später schied Buxbaum nach einigem Nachgeplänkel mit Ruhestands-Bezügen aus dem öffentlichen Dienst aus und arbeitete von da an bis zum Ende seines Lebens am 21. Februar 1960 in Darmstadt als selbstständiger Architekt. Nebenher war er Heimatforscher mit dem Schwerpunkt Stadt- und Baugeschichte. Sein Grab auf dem Darmstädter Waldfriedhof ist, gemessen an seinen architektonischen Zeugnissen und Ideen, von beeindruckender Schlichtheit.

Darmstädter Bauten August Buxbaums (Auswahl)

1907	Kyritz-Schule, Martinsviertel
1907–1909	Stadtbad, Mercksplatz 1
1908–1909	Städtisches Elektrizitätswerk II, Dornheimer Weg (1975 abgerissen)
1909–1910	Eigenes Wohnhaus, Richard-Wagner-Weg 40
1909–1911	Eleonoren-Schule, Lagerhausstraße
1910–1911	Pestalozzi-Schule, Martin-Buber-Straße
1912	Justus-Liebig-Schule
1913–1922	Waldfriedhof
1920er	Häuserzeilen auf der Nordseite des Rhönrings und Spessartrings sowie am Washingtonplatz, Wohnblock Ecke Bessunger und Ludwigshöhstraße
1929–1930	Wohnbebauung mit Innenhof am Ostbahnhof

16 „Bürgermeister Buxbaum amtsmüde" in: Beilage zum Hessischen Volksfreund vom 7. Januar 1930

4. Die bildenden Künstler

Die Architekten und Künstler des Paulusplatzes standen nicht nur in einem guten kollegialen, sondern zumeist auch in einem freundschaftlichen Verhältnis zueinander: Pützer und Meissner arbeiteten eng an der Hochschule zusammen, Meissner und Linnemann kannten sich seit Kindertagen, Jobst und Killer waren aus Münchner Zeiten befreundet.

Dabei gab es einen gravierenden Unterschied: Pützer und Meissner waren als Hochschulprofessoren fest besoldet, mit der Freiheit, auch auf eigene Rechnung zu arbeiten. Die Künstler mussten von Werkverträgen leben und waren stets von öffentlichen und privaten Auftraggebern abhängig. In den erhaltenen Korrespondenzen ist Letzteres auch immer wieder Thema: Ob es nicht ein neues Projekt und wieder einmal einen Auftrag gebe.

Im Tintenviertel arbeiteten zahlreiche verschiedene Architekten und Künstler an den entstehenden Bürgerhäusern. Im Folgenden geht es – in alphabetischer Reihenfolge – aber um jene, die an der Gestaltung des Paulusplatzes und seiner Gebäude mitwirkten.

Heinrich Jobst

Darmstädter Bildhauer aus Bayern: Heinrich Jobst (1874–1943)

Heinrich Jobst schuf den Triton-Brunnen an der Südseite der Paulusplatz-Bastion. Jobst wurde am 6. Oktober 1874 als Sohn eines Steinmetzes in Schönlind in der Oberpfalz geboren. Nach Schulzeit, Bildhauerlehre und Studium an der Münchener Kunstakademie von 1896 bis 1898 wurde er 1901 Fachlehrer der Bildhauerklasse der Münchener Kunstgewerbeschule. 1906 berief Großherzog Ernst Ludwig den in München bekannt gewordenen Jobst als Mitglied der Künstlerkolonie nach Darmstadt. Jobst nahm 1907 den Platz von Ludwig Habich ein, der nach Stuttgart gegangen war. Er nahm an der Hessischen Landesausstellung 1908 in Darmstadt teil und lehrte ab 1909 als Professor für Plastik im

Großherzoglichen Lehratelier für angewandte Kunst bis zu
dessen Auflösung im Jahre 1911.

Bald nach seiner Ankunft in Darmstadt erhielt Jobst den Auf-
trag, für die Südseite der Bastion vor der gerade entstehenden
Landeshypothekenbank den Triton-Brunnen zu schaffen. Mit
dem Erbauer der Landeshypothekenbank, dem Architekten,
Denkmalpfleger und späteren Architekturprofessor an der
Technischen Hochschule, Paul Meissner, war er gut bekannt.
Jobst war ein ungemein fleißiger und höchst vielseitiger Künst-
ler: Er arbeitete nicht nur in Stein, sondern auch in Terracotta,
Bisquitporzellan, Gold, Silber, Bronze, Kupfer, Eisen und Holz.

*Filigranes Meisterwerk: Gewölbe-
Schlusstein von Heinrich Jobst
für den restaurierten Westchor der
Katharinenkirche Oppenheim*

Von ihm stammen sowohl der monumentale Löwe des Leib-
gardistendenkmals am Darmstädter Schlossgraben, als auch die
Löwen vor dem Hessischen Landesmuseum, zahlreiche Büsten
des Großherzogs und von Personen des öffentlichen Lebens in
Hessen-Darmstadt, viele Reliefs, Denkmäler und Gedenkta-
feln weit über Hessen hinaus, Medaillen und Münzen.

Sein Atelier im Ernst-Ludwig-Haus wurde in der Darmstädter Brandnacht zerstört. Jobst hat das nicht mehr mit-
erlebt. Er starb am 10. Februar 1943 im Elisabethenstift an
Herzversagen.

*Noch keine Vorahnung des Krieges:
Zwei gewaltige Bronzelöwen von
Heinrich Jobst aus dem Jahre 1914
bewachen in majestätischer Ruhe
das Hessische Landesmuseum*

Der 2011 verstorbene Darmstädter Heimatforscher Karl Heinz Hohenschuh hat im Jahre 2005 im Selbstverlag eine umfangreiche Monografie „Heinrich Jobst – ein Darmstädter Bildhauer aus Bayern" herausgebracht. Er bemühte sich, damit auch ein Werkverzeichnis von Jobst vorzulegen, war aber im Zweifel, ob ihm dies wirklich vollständig gelungen sei.

Werke Heinrich Jobsts (Auswahl)

1908	Darmstadt: Relieftafel über dem Portal des Hochzeitturms
1909	Darmstadt: Triton-Brunnen und Hessen-Löwe auf dem Paulusplatz
1909 – 1910	Bad Nauheim: Beneke-Brunnen
1911 – 1913	Bad Nauheim: Sprudelhof
1913	Darmstadt: Liebig-Denkmal, Luisenplatz
1914	Darmstadt: Löwen und Fahnenmasten vor dem Landesmuseum
1915	Offenbach: Ludo-Meyer-Brunnen (früher Ernst-Ludwig-Brunnen), Schlossplatz
1928	Darmstadt: Leibgardistendenkmal auf dem Friedensplatz

Karl Killer

Von Karl Killer stammt der zentrale Brunnen vor dem Haupteingang der Landeshypothekenbank mit den beiden flankierenden Figuren. Der Bildhauer wurde am 30. August 1873 in München als Sohn eines Bildhauers geboren. Er selbst war ebenfalls Bildhauer und später Professor an der Münchener Akademie der Bildenden Künste.

Wie Heinrich Jobst hatte Killer enge Kontakte nach Darmstadt, siedelte aber nicht dauerhaft dorthin über und war auch nicht Mitglied der Künstlerkolonie. Die beiden waren befreundet: Killer wurde der Pate von Jobsts ältestem Sohn. Auch wenn schriftliche Belege fehlen, kann es kaum einen Zweifel geben, dass Killer auf Jobsts Empfehlung den Darmstädter Auftrag erhielt. 1905 hatte er zum ersten Mal mit dem Wittelsbacher-Brunnendenkmal vor dem Rathaus in Bad Reichenhall Aufsehen erregt. Das achteckige Bassin und die hohe Brunnensäule haben in etwa die gleiche Form wie der Paulusplatz-Brunnen, sind jedoch ungleich größer. 1907 gestaltete Killer Fortuna-Brunnen mit reichem Figurenschmuck auf dem Münchener Isartorplatz wieder nach einem ähnlichen Muster.

Erst wenige Tage vor der Drucklegung dieses Buches fand die Enkelin von Paul Meissner im Nachlass ihres Großvaters eine Fotografie, die ganz offenkundig den Hessen-Löwen auf dem Säulen-Kapitell über der Süd-Bastion des Paulusplatzes in einem Atelier zeigt. Das Bild trägt unzweifelhaft Meissners handschriftlichen Vermerk: Bildhauer Killer München. Das kann nur bedeuten, dass der bisher allgemein Heinrich Jobst zugeschriebene Löwe samt Säule ein Werk Karl Killers ist.

Finanziell dramatisch für den Münchener Künstler gestaltete sich später eine Zusammenarbeit mit Paul Meissner beim Bau der Kaiser-Wilhelm-Brücke in Trier 1913[17]: Meissner wollte die Brücke gerne durch ein Reiterstandbild des Kaisers geschmückt wissen und bat Killer, nicht nur einen maßstäblichen,

Karl Killer mit seiner Frau Margarete um 1912. Sie war verwitwet und brachte zwei Kinder mit in die Ehe.

Heil dir im Siegerkranz: Fortuna oder einfach nur triumphierende Brunnen-Nymphe?

---

17 Freundlicher Hinweis von Herrn Andreas Göller, Archiv TUD

Drei Freunde sollt ihr sein: Porträt-Büste Karl Killers von Heinrich Jobst auf einer Postkarte, die Jobst als Neujahrsgruß am 29.12.1911 an Paul Meissner schickte

Füllhorn für die Bankgeschäfte: Atelier-Aufnahme der Fortuna-Figur für die Bastion am Paulusplatz-Brunnen

sondern einen 1:1-Entwurf herzustellen. Das tat dieser in der Hoffnung auf den prestigeträchtigen Auftrag. Aber der Kaiser, mit der Idee konfrontiert, lehnte rundheraus ab: Zu Lebzeiten solle kein Denkmal von ihm aufgestellt werden. Killer blieb auf den für ihn nahezu ruinösen Entwurfs-Kosten sitzen. Dann kam der Erste Weltkrieg, und obwohl die Stadt Trier Kulanz angekündigt hatte, ist wohl nie eine Zahlung erfolgt. Sie wäre auch durch die nachfolgende Inflation wertlos geworden.

In der Bayerischen Staatsbibliothek ist ein umfangreicher Briefwechsel zwischen Karl Killer und Paul Meissner erhalten. Im Sommer 1917 scheint aus der Geschäftsbeziehung mit dem „lieben Herrn Professor" dann eine Freundschaft geworden zu sein, denn die Briefe sind ab diesem Zeitpunkt mit „Lieber Paul" überschrieben.[18]

Der Schwerpunkt der Arbeiten Killers lag auf religiöser Kunst. Er gehörte zum Münchener Kreis christlicher Künstler und schuf für vorwiegend bayerische Kirchen zahlreiche Kreuze, Altäre, Skulpturen und Leuchter. Heinrich Jobst hat eine Büste von Killer angefertigt, deren Verbleib leider unbekannt ist. Killer starb am 18. Oktober 1948. Ihm zu Ehren benannt ist die Killerstraße in Allach.

Werke Karl Killers (Auswahl):

1905   Bad Reichenhall: Wittelsbacher-Denkmal
1907   München: Fortunabrunnen am Isartor
1908   München: Bildhauerarbeiten in der Winthirkirche
1909   Darmstadt: Brunnen an der Treppenanlage vor der Landeshypothekenbank und Hessen-Löwe an der Südbastion
1912   Konstanz: Bronzebüste Bismarcks am Bismarckturm
1946   Augsburg: Kanzel im Dom

---

18 Bayerische Staatsbibliothek, Best. BSB_Cgm 8252. Freundlicher Hinweis von Herrn Andreas Göller, TUD

Otto Linnemann

Von Otto Linnemann gemeinsam mit seinem Bruder Rudolf stammen die historischen Glasfenster der Landeshypothekenbank (heute im Darmstädter Landesmuseum), sowie die im Zweiten Weltkrieg vernichtete, aber einst reiche Innenausmalung des Hauses. Otto Linnemann, jüngster Sohn von Prof. Alexander Linnemann, wurde am 26. 04.1876 in Frankfurt a.M. geboren. Nach der Schule erhielt er seine erste künstlerische Ausbildung im Atelier des Vaters und studierte dann Malerei an der Kunstakademie in Düsseldorf. Zu Studien war er in Holland, Belgien, England, Frankreich und Italien. Bis zum Tode des Vaters 1902 arbeitete er in dessen Atelier.

Auch für die Darmstädter Pauluskirche hat Linnemann zusammen mit seinem Bruder Entwürfe gezeichnet, die aber wohl nie zur Ausführung gekommen sind. Im Archiv der Paulusgemeinde findet sich dazu jedenfalls kein Hinweis.

Gemeinsam mit seinem Bruder Rudolf führte Otto Linnemann die Werkstatt des Vaters weiter und übernahm Glasmalereien für die Dome in Frankfurt a.M., Erfurt, Fritzlar, Königsberg, Naumburg, Meißen und Kolberg. Dabei entwickelte er, auch unter dem Einfluss des Jugendstils, einen ganz eigenen Stil. Nach dem Tod des Bruders Rudolf 1916 führte Otto

Meister der opulenten Malerei: Selbstporträt Otto Linnemanns, um 1910

Farb- und Formenrausch für kühle Banker: Aquarell-Entwurf Linnemanns für Gestaltung der Stirnwand im großen Sitzungssaal der Landeshypothekenbank

Merkur – Gott der Händler, der Banker und der Diebe: Glasfenster von Otto und Rudolf Linnemann für die Landeshypothekenbank, heute im Hessischen Landesmuseum Darmstadt

Linnemann die Werkstatt bis ca. 1955 fort. Nach dem Ersten Weltkrieg wandte er sich auch zunehmend kunstpflegerischen Aufgaben zu. 1923 erhielt Otto Linnemann eine außerordentliche Professur für architektonische Malerei – die Farbe in der Architektur – an der Technischen Hochschule in Darmstadt, die er bis 1943 ausübte. Als Restaurator arbeitete er in den Domen zu Erfurt, Frankfurt a.M., Worms, in der Abtei zu Altenberg und in der St. Leonhardskirche in Frankfurt a.M.

Mit zahlreichen Künstlern, Architekten und Literaten seiner Zeit war Linnemann befreundet, so auch mit Paul Meissner, Augusto Varnesi und Joachim Ringelnatz. Otto Linnemann starb am 09.12.1961 in Frankfurt a.M.

Werke Otto Linnemanns (Auswahl, bis 1916 teilweise auch gemeinsam mit seinem Bruder Rudolf):

um 1895	Berlin, Kaiser-Wilhelm-Gedächtniskirche Fenster und Mosaik
um 1895/96	Berlin, Reichstag, Fenster
um 1905	Königsberg, Dom, Fenster
um 1907	Bad Homburg, Ev. Erlöserkirche, Fenster
um 1910/11	Frankfurt a.M., Ausmalung der Trauerhalle, Hauptfriedhof
um 1913	Erfurt, Dom, Fenster
um 1914	Groningen, Universität, Fenster und Wandmalereien
um 1923	Kopenhagen, Kirche St. Petri, Fenster
um 1927	Darmstadt, Rathaus, Ausmalung des Trauzimmers
um 1932	Luxemburg, Kirche Sacré Cœur, Fenster und Ausmalung
um 1935–37	Oppenheim, Katharinenkirche, Große Rose und sechs Fenster des Langhaus-Obergadens[19]

19 Die Informationen zum Atelier Linnemann und den Arbeiten für die Landeshypothekenbank stammen von Bettina Schüpke, die derzeit an einer Dissertation zur Werkstatt Linnemann arbeitet.

Augusto Varnesi

Varnesi (1866–1941), Sohn eines Bildhauers und Erzgießers, war selbst Bildhauer und Medailleur. Schon zu Beginn seiner Ausbildung in Rom wurde er mit dem Bildhauer Wilhelm Widemann bekannt und übersiedelte 1883 mit diesem als sein Schüler und Gehilfe nach München. 1884 folgte er Widemann nach Frankfurt am Main, als dieser an die dortige Kunstgewerbeschule berufen wurde. Später leistete er in Italien seinen Wehrdienst ab, kehrte aber schon bald nach Deutschland zurück, ging 1891 mit Widemann nach Berlin und arbeitete dort an plastischen Dekorationen im Reichstagsgebäude mit.

Von 1896 bis zu seinem Tod 1941 lebte Varnesi als freischaffender Künstler in Frankfurt am Main. Verschiedentlich hat er Atlas-Figuren geschaffen, etwa für die Seufzerbrücke in Frankfurt. Seit 1897 lehrte er an der Technischen Hochschule Darmstadt, 1898 wurde er außerordentlicher Professor für ornamentales Zeichnen und Modellieren.

Viele Werke Varnesis, wurden im Krieg zerstört. Die beiden beziehungsreichen allegorischen Atlasfiguren über dem Eingang der Darmstädter Landeshypothekenbank blieben zum Glück erhalten.

Der „Frankfurter Römer", der auch den Berliner Reichstag mit gestaltete: Augusto Varnesi

Ein Hauch von Ravenna: Kosmatenarbeiten Varesis am Sarkophag von Großherzogin Alice von Hessen-Darmstadt im Neuen Mausoleum

Werke Augusto Varnesis (Auswahl):

1901ff	Frankfurt/Main: Grabmale für Oberbürgermeister Johannes von Miquel und die Familien von Bethmann und de Ridder
1902	Frankfurt/Main: Figurengruppen und Reliefs am Schauspielhaus
1904	Frankfurt/Main: vier Atlanten am Verbindungsgang des Rathausneubaus
1904–1907	Frankfurt/Main: Einband des Goldenen Buches der Stadt
1905–1906	Gießen: Adlerrelief am Bismarckturm

1908	Darmstadt: Atlanten am Eingang der Landeshypothekenbank
1910	Darmstadt: Kosmatenarbeiten an den Sarkophagen Ludwigs IV. und seiner Frau Alice; die Sarkophage Friedrichs und Maries (Neues Mausoleum im Park Rosenhöhe)
1922	Darmstadt: Grabmal für Friedrich Pützer
1931	Bochum: Hauptportale am Rathaus und Schmuckteile im Inneren

Ziemlich freche und zugleich nach 100 Jahren wieder sehr aktuelle Adaption der Antike: Atlas, der Titan, sollte einst das Himmelsgewölbe tragen. Der Historismus bediente sich im späten 19. Jahrhundert gerne dieser bedeutungsschweren Figur für Portale und Brücken. Augusto Varnesi aber treibt hier am Portal der Landeshypothekenbank regelrecht Schabernack: Rechts schaut Hermes, der Gott der Händler, Banker und der Diebe mit dem darmstadt-lilienförmigen Hermesstab, desinteressiert in die Ferne, links versucht ein namenloser Banker-Atlas, seine prall gefüllte Geldkatze hinter dem Rücken zu verstecken. Hat damals eigentlich keiner die bissige Ironie bemerkt?

5. Das Projekt Tintenviertel

Das neue, großbürgerliche „Quartier"

Die Darmstädter Zeitung gab sich Anfang September 1908 begeistert:

„Die Verschönerung Darmstadts, die früher manchmal viel zu wünschen übrig ließ, macht erfreulicherweise stetig Fortschritte, und mit Recht wendet man u.a. der Gestaltung der öffentlichen Plätze Beachtung zu. Ist auch noch nicht alles Notwendige geschehen, … so entsteht doch eben wieder eine Schöpfung, die von hervorragender Wirkung für das Stadtbild zu werden verspricht. Es ist dies der Platz auf der Südabdachung des Heerdwegs, an dem sich die schönen Neubauten der Pauluskirche und der Landeshypothekenbank erheben. Von vier Straßen begrenzt und in einem modernen Villenviertel gelegen, soll er nicht als Verkehrs- sondern als Zierplatz dienen, und bekanntlich sind für eine dementsprechende Ausführung beträchtliche Mittel sowohl von der Stadt, als auch von der Landeshypothekenbank vorgesehen. … Es ist interessant, das Voranschreiten … (der) Arbeiten zu beobachten und sich den späteren Eindruck der Gesamtanlage schon jetzt vorzustellen. Er wird sicherlich ein überaus reizvoller sein und jeden Schönheitsfreund voll befriedigen." [20]

Im Darmstädter Stadtplan von 1874 sind zum ersten Mal im Gebiet zwischen Martinstraße, Herdweg, Nieder-Ramstädter Straße und Schießhausstraße (jetzt Jahnstraße) Straßen verzeichnet. Der Großherzogliche Ober-Domänen-Kanzlist Ferdinand Heberer hatte dem nach Süden und Westen wellig geneigten Gebiet ohne Rücksicht auf die recht schwierige Topographie ein starres, rechtwinkliges Raster aufgelegt. [21] In den folgenden 20 Jahren änderte sich an diesen Vorgaben nichts Wesentliches.

Die Stadt Darmstadt plante unbekümmert auf der Bessunger Gebiet, obwohl die sich hinziehenden Eingemeindungs-

---

20 Darmstädter Tagblatt, 5. September 1908
21 Vgl. Weyrauch: Das Tintenviertel, seine Planung und Bebauung, S. 2

Verhandlungen noch immer im Gange waren. Erst 1888 kam dann das alte, schon 1002 zum ersten Mal urkundlich erwähnte Dorf Bessungen zum deutlich jüngeren Darmstadt. Der Weg war frei.

Die Ansichtskarte von S. 26 mit dem Blick von der Ludwigshöhe erschien etwa im Jahre 1903. Sie zeigt inmitten der Streuobstwiesen ein einzelnes, stattliches Haus. Dabei handelt es sich um das vom Architekten Heinrich Metzendorf aus Bensheim erbaute „Haus Hardteck" von 1899. Es wurde im Volksmund auch „Pillenburg" genannt, weil die Frau des Bauherrn Dr. A.C. Weber, Vorstand des Großherzoglichen Polizeiamts, der Familie Merck entstammte. Das Haus hat beide Weltkriege überstanden und beherbergt heute die Deutsch-Baltische Gesellschaft.

Auf der Gemarkung des eingemeindeten Bessungen projektierte nun eine Gruppe von Hochschulprofessoren gemeinsam mit der neu gegründeten Beamten-Baugenossenschaft das künftige „Tintenviertel" südlich des Herdwegs. Das Quartier verdankte seinen Spitznamen der in Aussicht genommenen Bauherren-Zielgruppe von Beamten und akademischen Lehrern. Drei Jahre nach dem Baubeginn auf der Mathildenhöhe wurde im Jahre 1900 für das Tintenviertel die Baugenehmigung erteilt.[22] Eine Karte des Stadtplanungsamtes aus diesem Jahr zeigt bereits die an Herdweg und Martinstraße in den Jahren 1898 und 1899 gebauten Häuser. Sie trägt die interessante Bezeichnung „Bebauungsplan über das Quartier zwischen Herdweg etc."

Zur weiteren Entwicklung der Stadt wurde das neue Viertel für gehobene Schichten der Bevölkerung offenbar als existentiell wichtig angesehen. Doch es ergaben sich Probleme. Schon 1895 hatte Josef Stübben, ein damals in Europa bekannter Städtebauer, der von 1876 bis 1881 in Aachen und danach in Köln tätig gewesen war, eine Planung für das Tin-

---

22 Vgl. Franz, Eckhardt G.: Vom Biedermeier in die Katastrophe des Feuersturms; in: Battenberg, Friedrich u.a. (Hrsg.): Darmstadts Geschichte. Fürstenresidenz und Bürgerstadt im Wandel der Jahrhunderte; Darmstadt 1980, S. 391ff

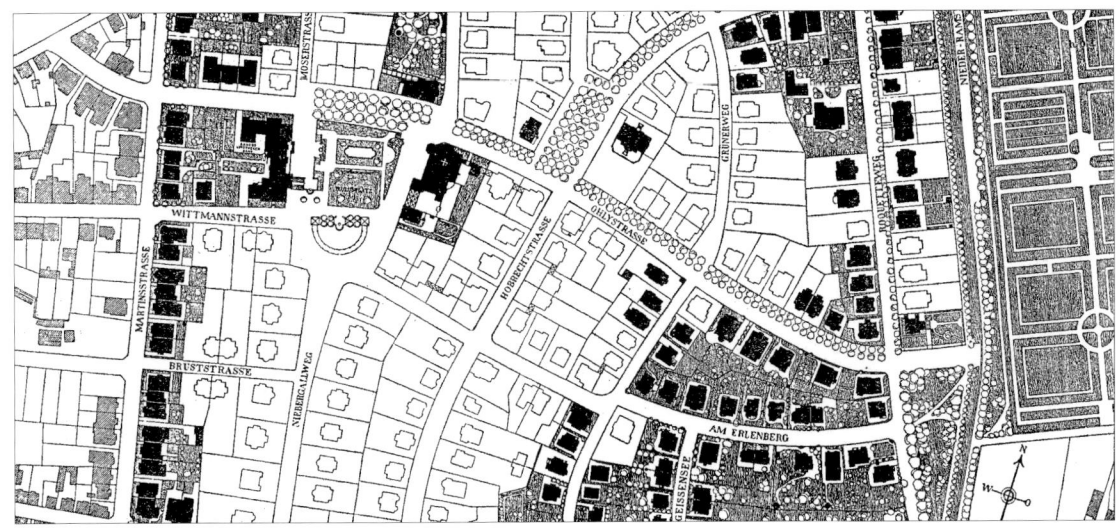

tenviertel vorgelegt, aber die Eigentumsrechte bei einzelnen Liegenschaften nicht genügend ausgewertet. Deswegen wurde sein Plan zunächst nicht weiter verfolgt.[23]

Elegant geschwungene Anpassung der Straßen an die Topographie; Friedrich Pützers Planung des „Herdwegsviertels", hier nach dem Stand von 1912. Aus: „Darmstadt und Umgebung in 200 Federzeichnungen"

„Städtebau nach künstlerischen Grundsätzen"

Fünf Jahre später lag die Neuplanung bei Friedrich Pützer, der gerade angefangen hatte, an der TH zunächst unentgeltlich über „Künstlerische Fragen des Städtebaus" zu lesen. Pützer legte die rein schematische Rasterplanung Heberers rasch zu den Akten, weil er erkannte, dass man sonst bei den Unregelmäßigkeiten des Geländes in der Straßenführung vor ganz erheblichen Schwierigkeiten gestanden hätte.[24] Stattdessen folgte er in seiner eigenen Planung den natürlichen Höhenschichtlinien und ist dabei wahrscheinlich in Teilen auch Überlegungen Stübbens gefolgt.

---

23 Weyrauch, Peter a.a.O., S. 3
24 Pützer begründet dies ausführlich in seinem Bebauungsplan von 1906: „Vor allem ist bei den Hauptstraßen jedes verlorene Gefälle zu vermeiden. Sie sind mit möglichst geringer Steigung anzulegen und müssen sich deshalb dem Gelände anschmiegen. Eine gewissenhafte Beobachtung der praktischen Forderung ergab praktischen Gewinn: die Linienzüge wurden eigenartig und abwechslungsreich, … und der Anbau kommt vorteilhaft zur Geltung." Pützer, Bebauungsplan, S. 10

DARMSTADT. Villenkolonie am Böllenfalltor.

Viel Platz im Tintenviertel:
Blick vom Paulus-Kirchturm
nach Südosten, um 1907

Der Plan Pützers zeigt die Ohlystraße, die Hobrechtstraße und die Straße Am Erlenberg als geschwungene, teilweise mit Allee-Bäumen bestandene Hauptachsen. Südliche Grenze ist die Schießhausstraße, die heutige Jahnstraße. Geografisches Zentrum des Viertels ist die Kreuzung zwischen der Ohly- und der Hobrechtstraße, der Paulusplatz liegt nordwestlich davon. Interessant ist an diesem Plan, dass entlang der Ostseite der Martinstraße bereits durchgehend Häuser stehen, und dass auch schon im Norden, Osten und Südosten eine nicht unerhebliche Bebauung existiert. Lediglich ein breiter Mittelstreifen an Grundstücken ist zwar katastermäßig erfasst, aber noch leer.

Dieses Bild des merkwürdig „auf die grüne Wiese" gesetzten repräsentativen Paulus-Platzes mit stattlichen Gebäuden inmitten einer noch naturbelassenen Wildnis von Büschen, Streuobstbäumen und Trampelpfaden vermittelt eine Ansichtskarte aus dieser frühen Zeit, die die Vorlage für den Umschlag dieses Buches bildete. Abendwölkchen am Himmel und

Staffage-Figuren im Vordergrund vermitteln eine Atmosphäre wie bei Spitzwegs „Sonntagsspaziergang". Die Karte scheint beliebt gewesen und in hoher Auflage gedruckt worden zu sein. Antiquarisch ist sie heute noch sehr häufig zu finden.

Der umgekehrte Blick vom Pauluskirchturm dokumentiert ebenfalls die noch erhebliche Baulücke bis zur bereits dicht bebauten „Villenkolonie Böllenfalltor". Das Areal unmittelbar südlich und südöstlich des Paulusplatzes blieb dann noch etliche Jahre unbebaut. Erst von den Rändern her wuchs das Tintenviertel im Laufe der Zeit zusammen. Die begehrtesten und am schnellsten bebauten Grundstücke lagen dabei in den Straßen Am Erlenberg, Im Geissensee, dem Roquetteweg und der Ohlystraße. Allein vom Erlenberg mit seinen Häusern in unterschiedlichen Formen des Heimatstils gibt es aus den Jahren 1907 bis 1910 ein Dutzend verschiedener Ansichtskarten – und das heißt auch: einen öffentlichen Bedarf dafür.

Zwar konnten nicht viele Darmstädter Bürger sich die neue bevorzugte Wohnlage leisten, aber die Ansichtskarten bedienten auch einen Lokal-Stolz auf die repräsentative, großbürgerliche Behaglichkeit der neuen Häuser.

Der Paulusplatz und seine Planung

Die Planung Friedrich Pützers für die künftige Mitte des Tintenviertels und die Gründung des Kirchbau-Vereins für eine zweite Kirche in Darmstadt-Bessungen fallen in das gleiche Jahr 1900. Der ursprüngliche Plan, die Kirche an der geografisch höchsten Stelle des Quartiers in der Martinstraße Ecke Herdweg zu errichten, hatte sich da schon zerschlagen.

Das Jahr 1903 brachte im Januar die Gründung der Hessischen Landeshypothekenbank und die Grundstücksverhandlungen des Kirchbauvereins für das Grundstück Ohlystraße/Niebergallweg im Mai. Die konkrete Planung für den Paulusplatz erfolgte also zwischen 1903 und 1905, denn der Grundstein der Pauluskirche wurde im Oktober 1905 gelegt, der Grundstein der Landeshypothekenbank im Juni 1906.

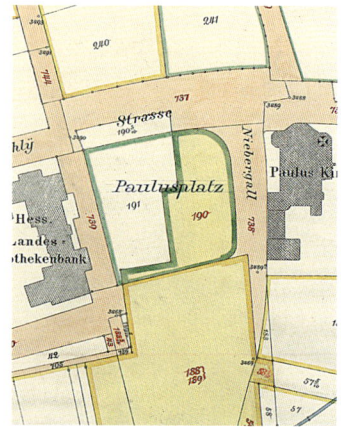

Noch alles im Fluss: Ausschnitt aus dem Sektionsblatt der Flur 7 von Darmstadt-Bessungen des Städtischen Vermessungsamts Darmstadt von 1906

Ein Ausschnitt aus dem Sektionsblatt der Flur 7 Darmstadt-Bessungen des Städtischen Vermessungsamts Darmstadt von 1906 gibt dazu interessante Detail-Informationen: Pauluskirche (noch im Bau) und Landeshypothekenbank (Bau noch nicht begonnen) existieren bereits als feste Größen. Der Nordrand der Ohlystraße ist gegenüber dem heutigen Stand einige Meter nach Norden versetzt und entspricht dem Straßenverlauf bis zum Ende des 2. Weltkriegs. Die Planung des Paulusplatzes ist offensichtlich noch nicht abgeschlossen, eine Parzellierung der südlich davon liegenden Flurstücke noch nicht vollzogen. Der Niebergallweg reicht nur bis zur Pauluskirche. Den Anschluss der Wittmannstraße an den Niebergallweg gibt es noch nicht. Vieles war zu diesem Zeitpunkt noch im Fluss.

Kirche und Staat im Kaiserreich

Auf einem noch unbebauten Gelände sollten sich die beiden tragenden Institutionen der Gesellschaft im deutschen Kaiserreich demonstrativ gegenübertreten: Kirche und Staat – wenn auch letzterer nur in Gestalt einer Staatsbank. Das Verhältnis zwischen Kirche und Staat war im 19. Jahrhundert zumindest in Bezug auf die evangelischen Kirchen noch einmal eindeutig festgeschrieben worden: Schon die Reformation Martin Luthers hatte in deutschen Landen nur überlebt, weil Luther politische Bündnisse mit zahlreichen Landesfürsten eingegangen war – beispielsweise auch mit dem Landgrafen Philipp dem Großmütigen von Hessen.

Seitdem übernahmen die – jeweils auf landesherrliches Territorium bezogenen – evangelischen Landeskirchen weithin die Rolle der spirituellen Legitimation monarchischer Autorität, die im Gegenzug die Bezahlung der evangelischen Pfarrer und die Bauunterhaltung der Kirchen durch den Staat sicherte. Die Konsistorien waren staatliche Behörden, und über jeder geistlichen Regierung stand in allen materiellen Fragen der Landesherr.

Ein solches geplantes Ensemble wie das für den Paulusplatz vorgesehene hatte es in Deutschland noch nicht gegeben –

schon gar nicht als geplanten Mittelpunkt eines neuen Wohnviertels für die Oberschicht. Die Aufgabe war heikel: Traten sich hier demonstrativ zwei gleichberechtigte Institutionen mit erheblichen Baukörpern gegenüber oder sollte eine Hierarchie sichtbar werden – und wenn ja: welche? Welche gestalterische Formensprache sollte man anwenden – nicht nur in Bezug auf die Architektur, sondern auch auf die verwandte Symbolik im Gesamt-Ensemble und im Detail?

Erst wer sich diese Fragen nach hundert Jahren noch einmal stellt, kann die subtile Genialität einschätzen, mit der die drei beteiligten Architekten Pützer, Meissner und Buxbaum den Paulusplatz gestaltet und jede Menge Fettnäpfchen vermieden haben. Denn die Anordnung des Paulusplatzes erscheint alles andere als zufällig:

In jedem Fall sollte die Pauluskirche mit ihrem Turm das höchste Gebäude im Quartier sein – Ausdruck der tragenden und sinnstiftenden Rolle der Kirche für die bürgerliche Gesellschaft. Aber die Landeshypothekenbank stand ihr mit ihrem erhöhten nördlichen Querflügel nicht viel nach. Die Eingänge der beiden Baukörper wurden nicht einander gegenüber, sondern versetzt angeordnet – aber genau gegenüber dem Eingang zur Kirche thront auf der Seite der Bank auf einer Säule der wehrhafte Hessen-Löwe.

Das Tympanon über dem Eingang zur Pauluskirche zeigt als zentralen christlichen Inhalt die Kreuzigung, während man sich auf der Seite der Landeshypothekenbank jeglicher christlicher Zitate enthält, sondern dafür, außen wie innen, in bestem Historismusdenken ausgiebig antike Mythologie vorzeigt.

Die prächtig gestaltete Ost-West-Achse des Parks mit dem großen Wasserbecken, den Blumenrabatten und Wegen läuft auf den Eingang der Bank zu, nicht auf den der Kirche. Ein subtiler Hinweis auf die monetären Verhältnisse? (Der Kirchbauverein hatte ein nicht unbeträchtliches Darlehen zum Bau der Kirche bei der Landeshypothekenbank aufgenommen!) Am eindrücklichsten aber zeigt eine namenlose

Darmstadt. Landeshypothekenbank, Pauluskirche (Südosten) mit Pfarrhaus u. Küsterwohnung.

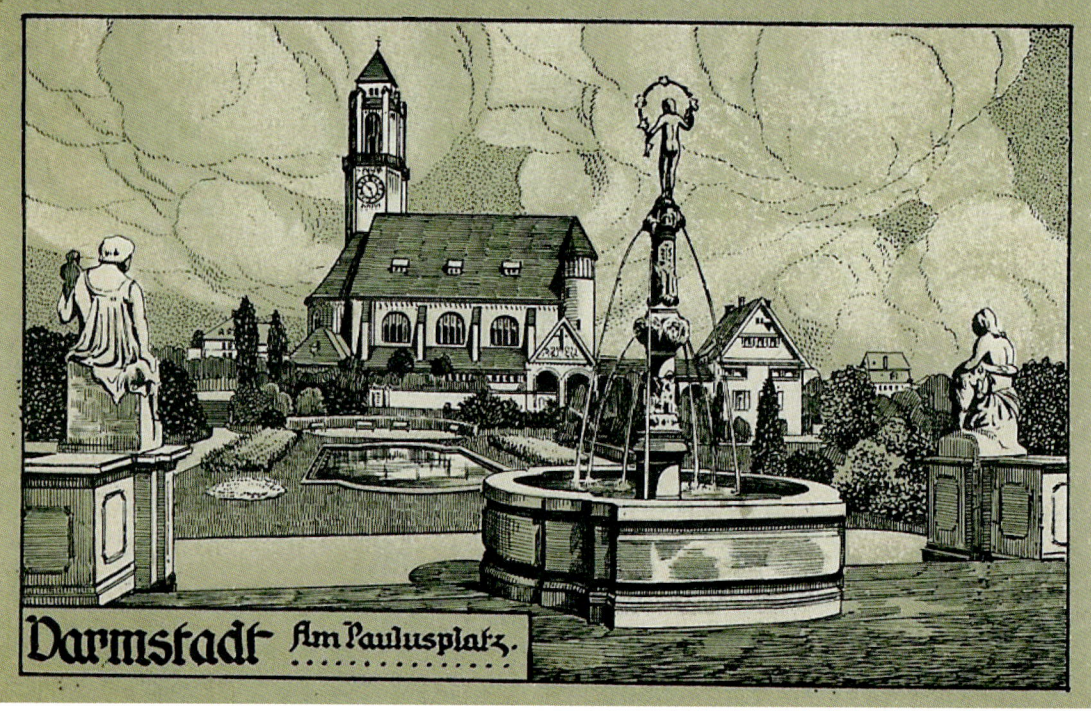

Darmstadt Am Paulusplatz.

kleine Frauenfigur auf dem zentralen Brunnen der Bank-Balustrade den Geist der Anlage: Die von dem Münchener Bildhauer Karl Killer geschaffene nackte Brunnen-Nymphe hält lächelnd eine Art Siegeskranz in den Himmel und schaut von der Seite des Staates wohlgefällig hinüber zur Kirche. Gleichsam als freundliches Symbol für die Harmonie von Staat und Kirche im Kaiserreich.

Bisher recht allein auf weiter Flur: Pauluskirche und Landeshypotheken-bank, um 1910

Die neue Bessunger Pfarrei

Mit dem wirtschaftlichen Aufschwung Darmstadts und den neuen Baugebieten im Süden der Stadt wuchs auch die Zahl der evangelischen Gemeindemitglieder der alten Bessunger Gemeinde. Besonders an hohen kirchlichen Feiertagen erwies sich die uralte Bessunger Kirche zunehmend als zu klein für die große Zahl der Gottesdienstbesucher. Auch die Belastung des Bessunger Pfarrers durch Seelsorge, Unterricht und Amtshandlungen wuchs beträchtlich. Die kurz vor der Realisierung stehenden Planungen für das neue Quartier südlich des Herdwegs machten eine personelle Verstärkung unausweichlich. Zunächst wurden zum 1. Juni 1899 in der Evangelischen Kirchengemeinde Bessungen zwei Seelsorgebezirke gebildet, ein West- und ein Ostbezirk. Zum Pfarrer des Ostbezirks wurde Pfarrer Hermann Rückert berufen, der auf die Gründung einer selbständigen Gemeinde hin zu arbeiten begann.

Aber hätte es nicht ausgereicht, die Bessunger Gemeinde mit zwei Pfarrstellen zu belassen? Zweifellos wäre die alte Bessunger Kirche auf die Dauer für die wachsende Gemeinde zu klein gewesen. Aber natürlich spielte auch der gehobene Status des neuen Quartiers eine Rolle: Dazu wollte man eher eine repräsentative, große und beeindruckende Kirche im Zentrum und nicht die zwar altehrwürdige, aber dörfliche und zum damaligen Zeitpunkt noch sehr renovierungsbedürftige Kirche im Bessunger Dorfkern.

Am 15. März 1900 veröffentlichte das Darmstädter Tagblatt die kurzfristige Einladung an alle evangelischen Bewohner

Paulusplatz im Heimatstil: Nicht signierte Künstler-Postkarte, um 1920

Darmstadts zur Gründungsversammlung eines Kirchbauvereins am 16. März, der den „Bau einer Kirche in der zweiten Pfarrei Bessungen" ermöglichen sollte.[25]

Am 16. Oktober beschloss der „Evangelische Kirchbau-Verein Darmstadt-Bessungen" in seiner Vorstandssitzung, „einen Ausschuss für Veranstaltungen zugunsten des ‚Baufonds' zu bilden. Zum 1. Vorsitzenden wurde Provinzialdirektor Freiherr von Grancy, zu Schriftführern Pfr. Rückert und Konsistorialrat Sonne und zum Rechner Rentamtmann Fuchs gewählt."

„Petrus und Paulus"

Am 1. Oktober 1902 wurde die Bessunger Gemeinde schließlich „wegen des starken Anwachsens in zwei Gemeinden, die Petrusgemeinde mit Pfr. Ludwig Walz und die Paulusgemeinde mit Pfr. Hermann Rückert, aufgeteilt." Am 7. November erfolgte die formelle Genehmigung des Großherzogs. Die Gottesdienste fanden vorerst noch gemeinsam in der Bessunger Kirche statt.

Leider gibt es keine Unterlagen mehr über die innerkirchlichen Diskussionen, die der Namensgebung vorausgingen. Die alte Bessunger Gemeinde hatte bis dahin keinen eigenen biblischen Namen, obwohl sie nach der Inschrift der ältesten Glocke von 1435 eigentlich dem Johannes geweiht war. Aber dieser Name war kirchlicherseits in Darmstadt seit kurzem vergeben: 1895 war im Darmstädter Norden die Johannesgemeinde gegründet worden. So einigte man sich darauf, beziehungsreich an die beiden bestimmenden Persönlichkeiten der Anfangszeit des Christentums zu erinnern: Petrus, der die Jerusalemer Urgemeinde als Keimzelle der Kirche verkörperte wie die uralte Bessunger Kirche und Paulus, der gewissermaßen Nachgeborene, der fort zog in die Welt, um das Evangelium zu verkünden.[26]

---

25 Jaekel: Chronik der Darmstädter kirchlichen Ereignisse, S. 13. Alle folgenden Datumsangaben und Zitate beziehen sich auf diese Chronik.
26 Vgl. Wilhelm Rau: Zur Entstehung der Paulusgemeinde; in: Fünfzig Jahre Pauluskirche zu Darmstadt, S. 15

Pauluskirche Darmstadt-Bessungen.
Feier der Grundsteinlegung
am 31. Oktober 1905.

Am 13. Mai 1903 richtete der vorläufige Kirchenvorstand der Paulusgemeinde ein Gesuch um Überlassung eines Bauplatzes an der Ecke Ohlystraße und des im Bau befindlichen Niebergallweges an die Eigentümer, den Hospitalfonds Hofheim, die Stadt Darmstadt und einige Privatleute.

Am 14. März 1904 wurde Friedrich Pützer mit der Fertigung eines Lageplanes für die Pauluskirche, ein Pfarrhaus und ein Küsterhaus beauftragt. Bereits am 15. Juni legte er dem Kirchenvorstand ein entsprechendes Modell vor. Am 9. Juli 1905 erfolgte der erste Spatenstich. Anschaulich schreibt Hermann Rückert:

„Wenige Tage später begann auf dem größtenteils von dichtem Gestrüpp bewachsenen Gelände, in dem wilde Kaninchen bis dahin ein beschauliches Dasein geführt hatten, ein emsiges Treiben. Schnurgerüste wuchsen aus der Erde und ein sich rasch erhöhender ansehnlicher Kieshügel gab Zeugnis von den umfangreichen Erdbewegungen, die da vorgenommen werden mußten. An manchen Stellen, hauptsächlich

„Lustig flatterten die Fahnen im Winde …“: Postkarte mit Honoratioren aller Art von der Grundsteinlegung der Pauluskirche am Reformationstag 1904

65

Erwartungsdruck: Noch bevor die Turmuhr der Pauluskirche montiert werden konnte, musste offenbar eine Postkarte der Kirche auf den Markt gebracht werden

aber da, wo der Turm sich erheben sollte, stießen wir auf harten Fels, so dass Sprengungen nötig waren. So haben wir denn wirklich unsere Kirche ,auf den Fels gebaut'.«[27]

Am 31. Oktober erfolgte die Grundsteinlegung. Noch einmal Pfarrer Rückert:

„Die Gunst der Witterung ermöglichte es, daß wir bereits im Oktober mit dem Mauerwerk über der Erde hinaus waren und den aus Eisenbeton konstruierten Boden der Kirche verlegen konnten. Am Ehrentage der Evangelischen Kirche, dem Reformationstage (31. Oktober 1905) feierten wir die Grundsteinlegung. Zahlreiche Vertreter der kirchlichen, staatlichen, städtischen und militärischen Behörden und eine dichtgedrängte Gemeinde hatten sich auf dem festlich geschmückten Platze eingefunden. Wenn wir auch bei dem gegen Ende Oktober sich einstellenden Schneetreiben mit einiger Besorgnis auf den 31. Oktober warteten, so schenkte uns ein gütiger Himmel doch zur Feier einen hellen, strahlenden Oktobertag. Lustig flatterten die Fahnen im Winde und brausend erscholl an der Stelle, wo bis in ferne Jahrhunderte die Paulusgemeinde zum Gottesdienst sich sammeln soll, das alte herrliche Lutherlied: ,Ein feste Burg ist unser Gott'.«[28]

Pfarrhaus schon fertig, Kirche noch im Bau: Aufnahme vom Herbst 1906, wohl vom Erdgeschoss der gerade entstehenden Landeshypothekenbank aus

---

27 Rückert, Hermann: Die Pauluskirche. In: Die Pauluskirche. Eine Festschrift zu ihrer Einweihung am 29. September 1907; S. 20
28 ebd.

PAULUSKIRCHE DARMSTADT BESSUNGEN

Am 9. Januar 1907 beschloss der Kirchenvorstand der Paulusgemeinde die Anschaffung einer Orgel für die neue Kirche.
Mit dem Entwurf und der Ausführung wurde die „Orgelbau-
anstalt Steinmeyer, Öttingen/Bayern" beauftragt. Sie sollte 35
Register haben und 14.000 Mark kosten.

*Ein Hauch von Jugendstil:
Von Friedrich Pützer
gezeichnete, beliebte Postkarte
der Pauluskirche von 1907*

Die Kirche auf der Streuobstwiese

Am 29. September 1907 wurde die Pauluskirche eingeweiht. Nach der Endabrechnung vom 20.02.1910 betrugen
die Gesamtkosten des Gebäudes schließlich 622.328 Mark.
Am gleichen Tag verlieh der Großherzog dem Pfarrer der
Paulusgemeinde das Ritterkreuz 1. Klasse des Verdienstor-
dens Philipps des Großmütigen. Im März 1908 hatte der
neu gegründete Kirchenchor der Paulusgemeinde bereits
80 Mitglieder.

*Dumm, wenn man keine
Ortskenntnis hat: In Leipzig
verlegte, schön kolorierte, aber
seitenverkehrte Postkarte der
Pauluskirche von 1908/09*

Im November 1910 vermerkt die Darmstädter kirchliche Chronik etliche Spenden für die Innenausstattung der Pauluskirche:

„Neben zahlreichen Geldspenden in Höhe von 7.177,33 M. für den Kirchenneubau der Pauluskirche wurden vom Großherzog 2 vergoldete Abendmahlskannen von unbekanntem Wert, von Prof. Pützer eine Altarbibel, von 2 Gemeindegliedern für eine Glocke 2.000 M., von Fr. Wolfskehl 300 M. für 2 Altarleuchter, von Fam. Wittmer 150 M. für das Lesepult, von Rentner A. Freund 100 M. für das Petrusbild, vom Kirchengesangverein 700 M. für das Chorfenster von Frau Dr. W. Merck 550 M. für das Altarkreuz, von Dr. W. Merck 400 M. für den Taufstein, und von Kirchenvorsteher Lang 200 M. für einen Lüster gestiftet. Dazu kommt das Vermächtnis der Witwe des Zugführers Philipp Lutz zugunsten der Paulusgemeinde in Höhe von 2.802,78 M. "

Rätsel gibt in dieser Liste das genannte Bild auf. Ein Petrusbild eben nicht für die Petrus-, sondern für die Pauluskirche? Die Hintergründe lassen sich nicht mehr klären. Im Juni 1911 wurde „wegen des erheblichen Wachstums der Gemeinde" in der Paulusgemeinde eine neue, selbständige Pfarrassistentenstelle errichtet. Bisher teilte man sich eine solche Stelle mit der Petrusgemeinde.

Das „Wiesbadener Programm"

Die Innengestaltung der Kirche folgte dem sogenannten „Wiesbadener Programm". Es handelte sich dabei um eine von dem Wiesbadener Pfarrer Emil Veesenmeyer entwickelte Programmatik, nach der Kanzel, Altar und Orgel in der Mittelachse der Kirche eine Einheit bilden sollten, um die Versammlung der Gemeinde „um das Wort Gottes", dargestellt durch die aufgeschlagene Bibel auf dem Altar, die Kanzel für die aktuelle Auslegung der Schrift und die Orgel zum Lobe Gottes auch sinnfällig zum Ausdruck zu bringen.

Das „Wiesbadener Programm" wurde von den Initiatoren als theologisch begründete Korrektur des „Eisenacher Regulativs" von 1861 verstanden. Damals hatten die deutschen Kirchenregierungen – ganz im Geiste des Historismus – verfügt, dass Kirchenneubauten dem romanischen oder gotischen Vorbild zu folgen hätten, nach dem die Kanzel an einem seitlichen Pfeiler und die Orgel an der Westwand über dem Eingang und gegenüber dem Altar platziert war. Vor allem aber verneinte das „Wiesbadener Programm" alle Stilfestlegungen, die als zweitrangig gegenüber der theologischen Grundentscheidung für das Wort Gottes als Mitte der Gemeinde erachtet wurden.

Die erste Kirche nach dem „Wiesbadener Programm" war die Wiesbadener Ringkirche (1892–94) gewesen. In den folgenden Jahren entstanden in rascher Folge in Deutschland und der Schweiz zahlreiche weitere Kirchen, die diese Grundidee umsetzten. Die Entscheidung für das „Wiesbadener Programm" beim Bau der Pauluskirche machte es Friedrich Pützer möglich, auch Elemente des Jugendstils in die ornamentale Ausgestaltung der Kirche einzubringen.

In der Darmstädter Brandnacht wurde die Innenausstattung der Pauluskirche völlig zerstört. Beim Wiederaufbau nach dem Krieg wurde die ursprüngliche Idee des Wiesbadener Programms nicht mehr aufgegriffen.

Die Hessische Landeshypothekenbank

Gegründet wurde die Hessische Landeshypothekenbank auf Initiative von Otto Wolfskehl. Dieser war am 9. November 1841 als Sohn des Bankiers und Kaufmanns Karl Wolfskehl in Darmstadt geboren worden. Die Familie nannte sich nach ihrer Herkunftsgemeinde Wolfskehlen im Ried. Im Jahre 1808 war den Juden in Hessen vorgeschrieben worden, einen unveränderlichen Familiennamen anzunehmen. Die Wolfskehls waren damals schon seit fast 100 Jahren in Darmstadt ansässig. Otto Wolfskehl (1841–1907), Sohn des

Bankiers und Kaufmanns Karl Wolfskehl aus Darmstadt. studierte Jura, wurde im Haus seines Vaters Bankier und rief bereits 1864 – unter anderem mit Carl Merck – den Bauverein für Arbeiterwohnungen ins Leben. Politisch gehörte er zum Führungskreis der Hessischen Nationalliberalen.

1874 wurde Wolfskehl Stadtverordneter und kurz darauf Vorsitzender des Finanzausschusses. Ein Jahr später wurde er einer der zwei Darmstädter Abgeordneten des Hessischen Landtages und blieb dies bis 1897. Unter anderem auf seine Initiative hin wurde 1893 die Technische Hochschule deutlich erweitert. Seit 1885 war er Vizepräsident der Zweiten Kammer des Landtages, bis er – auch wegen des öffentlich zunehmenden antisemitischen Drucks – sein Mandat niederlegte. Er war auch Vorsitzender der Darmstädter Jüdischen Gemeinde.

*Bankier, Politiker und „Vater"
der Landeshypothekenbank:
Otto Wolfskehl*

Am 17. Januar 1903 wurde die Hessische Landeshypothekenbank AG als staatliches Bodenkreditinstitut gegründet. Otto Wolfskehl übernahm den Vorsitz des Aufsichtsrates. Als Zweck benannte der Gesellschaftervertrag im § 2:

*„a) die Förderung des ländlichen und städtischen Grundkredits und der Entschuldung des ländlichen und städtischen Grundbesitzes im Volksstaat Hessen durch Gewährung von unkündbaren Tilgungsdarlehen gegen mäßigen Zinsfuß – insbesondere auch an die kleineren Grundbesitzer;
b) die Förderung des Kommunalkredits im Volksstaat Hessen durch Gewährung von Darlehen an Gemeinden und Kommunalverbände. "*

Aktien durften nach § 5 nur an den Volksstaat Hessen, die Hessische Landesbank – Staatsbank – , eine Gemeinde oder einen Kommunalverband des Volksstaates Hessen oder an eine hessische Öffentliche Sparkasse gegeben oder übertragen werden. Der Status als Staatsbank wurde im Nachtrag zum entsprechenden Gesetz von 12. Juli 1902 unmissverständlich betont:

„Der besondere Charakter der Hessischen Landes=Hypothekenbank kommt namentlich auch dadurch zum Ausdruck, dass Vorstandsmitglieder und Beamte durch staatliches Dekret angestellt werden, und

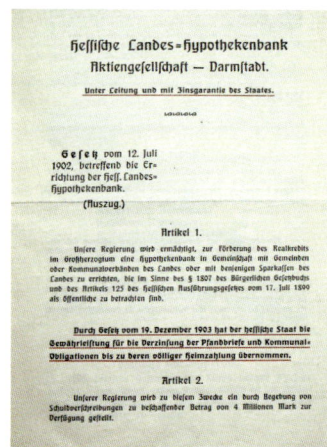

Gesetz zur Errichtung der Hessischen Landes-Hypothekenbank Aktiengesellschaft – Darmstadt vom 12. Juli 1902

*dass der im Hauptamt tätige **Großherzogliche Staatskommissar** als Vertreter der vorgesetzten Behörde, des Großherzoglichen Ministeriums der Finanzen, nicht etwa nur die Geschäftsführung der Bank überwacht, sondern auch bei der laufenden Verwaltung ununterbrochen mitwirkt. Insbesondere hat er bei der Gewährung jedes einzelnen Darlehens bereits **vor** der Zusage und allen sonstigen wichtigeren Geschäften **vor** deren Ausführung zuzustimmen.* [29]

Die meisten vergleichbaren Landeshypothekenbanken anderer Länder hatten als Geschäftsfeld übrigens auch den Ausbau des Eisenbahnnetzes[30] im Portfolio, aber für Hessen-Darmstadt war dieses Thema seit einigen Jahren erledigt: Die Hessischen Staatsbahnen hatten sich nicht ungern unter das Dach der Preußischen Eisenbahngesellschaft begeben – samt ihrer exorbitanten Schulden, die sich angesammelt hatten. Die entsprechenden Verträge hatten damals den Volksmund animiert, die Abkürzung HLB (Hessische Landes-Bahnen) umzuinterpretieren in „Hoch Lebe Bismarck!"

Wichtigstes Geschäftsfeld der Hessischen Landeshypothekenbank blieb die Finanzierung von öffentlichem und privatem Wohnungsbau. Die Gründung solcher Banken war eines der wichtigsten finanzpolitischen Instrumente jener Zeit, das rasche Wachstum der Städte zu finanzieren, indem man Hypotheken zu mäßigen Zinsen zur Verfügung stellte.[31]

Das Aktienkapital der Hessischen Landeshypothekenbank betrug im ersten Jahr 4,6 und schon im darauf folgenden 9 Millionen Mark, der hessische Staat war mit 92 Prozent beteiligt.[32] Am Paulusplatz hatte der Staatskommissar ein zentrales Büro in der Leitungsetage der Hypothekenbank. Den Rest der

---

29 Hervorhebungen im Original
30 Vgl. Baubach, Max u.a. (Hrsg.): Rheinische Geschichte in drei Bänden. Hier: Wirtschaft und Kultur im 19. und 20. Jahrhundert, 1979, S. 1; sowie: Klein, Ernst u.a. (Hrsg.): Deutsche Bankgeschichte; Bd. 2, Institut für Bankhistorische Forschung; Frankfurt 1982
31 Vgl. Wandel, Eckhard: Banken und Versicherungen im 19. und 20. Jahrhundert. Enzyklopädie deutscher Geschichte, Bd. 45. Oldenbourg, 1998, S. 16
32 Nach Moll, Ewald: Die Rentabilität der Aktiengesellschaften: Ihre Feststellung in amtlichen und privaten Statistiken auf Grund der Bilanzen. Veröffentlicht von G. Fischer 1908, University of California, S. 1

Aktien hielten die hessischen Gemeinden und die Sparkassen. Die Pfandbriefe der Bank genossen Staatsgarantie.

Das Adressbuch für Darmstadt von 1904 verzeichnet die Anschrift der neuen Bank in der Karlstraße 97. Man hatte die Räume wohl nur für kurze Zeit angemietet, denn von 1905 bis 1908 lautete die Adresse Heidelberger Straße 7. Die Adressbücher 1909/10 geben dann das neue Dienstgebäude an, allerdings unter „Moserstraße 27". Erst 1912 erscheint die neue Anschrift „Paulusplatz 1".[33]

Ohne Herold ging es nicht: Von Otto Linnemann gestaltete Urkunde zur Grundsteinlegung der Großherzoglich-Hessischen Landeshypothekenbank

Der Wettbewerb

1904/05 wurde ein Architektur-Wettbewerb für ein repräsentatives Gebäude der neuen Bank ausgeschrieben. 106 Entwürfe gingen ein. Der Spruch des Preisgerichts war einstimmig: Es gewann der Entwurf des Architekten Paul Meissner, eines erst seit kurzem hessischen Staatsbeamten, der bei der Ministerialabteilung für Bauwesen als Stellvertreter und als „Hilfsarbeiter" des Denkmalpflegers für die Provinz Rheinhessen (Friedrich Pützer) angestellt war.[34]

Einer der Preisrichter, der Darmstädter Baurat Heinrich Wagner, schrieb 1910 in einem Artikel der Berliner Zeitschrift für Bauwesen, besonders sei vom Preisgericht betont worden,

„… daß hier ein Entwurf von außerordentlichem Reiz vorliege, der in allen wesentlichen Beziehungen das Richtige treffe; ein Entwurf großzügig und ansprechend im einzelnen, von schlichtester Einfachheit und doch zweckentsprechend und für den Platz wie geschaffen. … die Lösung der Platzanlage konnte als hervorragend glücklich bezeichnet werden."[35]

---

33 Freundlicher Hinweis von Herrn Dr. Franz
34 Wagner, Heinrich: Die Landes-Hypothekenbank in Darmstadt; in: Zeitschrift für Bauwesen, Jhrg. LX, Berlin 1910, Heft IV bis VI, Sp. 12.
35 a.a.O.

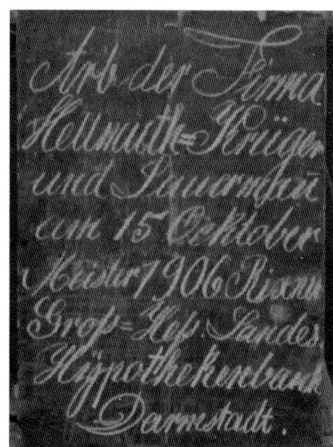

Kurioser Schreibfehler im Schild auf der Baustelle: Groß=Hess.=Landes. Hypothekenbank statt Großherzoglich Hessische Landeshypothekenbank. Groß-Hessen kam politisch erst zehn Jahre später

Das war alles andere als einfach gewesen. Das Gelände fiel nach Süden, von der Ohlystraße zur Wittmannstraße, deutlich ab, und Friedrich Pützer als Architekt der gegenüber bereits im Bau befindlichen Pauluskirche mit Pfarrhaus, „Kirchendienerhaus" und Verbindungsbau hatte großen Wert darauf gelegt, dass der Turm der Pauluskirche an der höchsten Stelle errichtet und damit eine dominierende Wirkung für den Platz haben sollte. Was sollte dem ein eher ebenmäßiges Bankgebäude als Sitz gleichwohl bedeutender staatlich-bürgerlicher Wirtschafts- und Finanzmacht gegenüber stellen? Heinrich Wagner beschrieb später die Lösung so:

„Für den Architekten des Bankgebäudes galt es, diese Wirkung nicht zu beeinträchtigen, sondern zu steigern. Deshalb wurde die Ohlystraße als eine Art Höhenstraße angenommen und der Platz nach der Wittmannstraße um 3 m gesenkt. Eine symmetrische Anlage des Gebäudes war nach dem Programm nicht gefordert und erschien auch, da der Platz eine strenge Achse nicht hatte, nicht gegeben. Der Architekt fand die Lösung in einer mehr malerischen Gruppierung, die mit Vor- und Rücksprüngen die Massen aufteilte, das Gebäude kleiner erscheinen und so dem Gelände sich harmonischer anschmiegen ließ."[36]

Von nennenswertem Autoverkehr konnte zu dieser Zeit noch keine die Rede sein. Deshalb ließ Meissner die von Norden auf den Vorplatz der Bank führende Moserstraße umstandslos in eine acht Meter breite Treppe münden, die den Höhenunterschied zur Wittmannstraße überbrücken sollte. Wagner schrieb:

„Diese Terrassenanlage kam der malerischen Gruppierung des Geländes sehr vorteilhaft zu statten. Durch ihre Architektur war schon an sich ein großer Reichtum dem Gebäude vorgelagert; hierdurch war es möglich, das Äußere der Bank in großer Schlichtheit durchzuführen."[37]

Am 9. Juli 1906 wurde direkt gegenüber der seit elf Monaten im Bau befindlichen Pauluskirche der Grundstein für das neue Bankgebäude gelegt. Die entsprechende Urkunde trägt unter

---

36 a.a.O., Sp. 171f
37 a.a.O., Sp. 174

anderem die Unterschriften des Großherzoglich Hessischen Finanzministers Von Gnauth, des Staatskommissars Schäfer, des Aufsichtsrats-Vorsitzenden Otto Wolfskehl und des Architekten Paul Meissner. Der Großherzog selbst war nicht zugegen. Otto Wolfskehl hat die Fertigstellung des Hauses nicht mehr erlebt. Er starb am 17. August 1907.

Der Bau der Landeshypothekenbank

Der Rohbau ging zunächst sehr rasch vonstatten. Das belegt ein einzigartiges Foto-Dokument, das dem Verfasser durch einen Zufall in die Hände fiel: Er suchte im Sommer 2013 mit Hilfe von Klaus Honold im Darmstädter Echo nach dem Verbleib einer von Heinrich Jobst gestalteten Gedenk-Platte für die Gefallenen des Ersten Weltkrieges im Foyer der Bank (s. S. 101). Daraufhin meldete sich ein Leser des Blattes mit der Information, er habe vor einiger Zeit bei einer Haushaltsauflösung ein Foto erworben, das offensichtlich beim Bau der Bank entstanden sei. Das Bild war zwar schon sehr verblasst, konnte aber am Computer wieder deutlicher sichtbar gemacht werden.

Der Beton kann erst mal warten: Die Männer vom Bau mit ihrem Meister Rixner (5.v. links?) am 15. 10. 1906

Es zeigt eine Gruppe von Bauarbeitern im zweiten Stock des Rohbaus der Bank, offensichtlich an der Nordostecke, denn im Hintergrund ist schwach der Turm der „Pillenburg" zu erkennen. Am interessantesten aber ist ein mit Kreide geschriebenes Schild, um das sich die Männer gruppieren, und auf dem Datum, Bauunternehmer und Meister des Rohbaus genannt werden: Firma Hellmuth Krüger und Lauermann und Meister Rixner am 15. Oktober 1906.

Der aufwändige Innenausbau dauerte drei Jahre. Veranschlagt waren Baukosten von 350.000 Mark für das reine Gebäude. Daraus wurden schließlich 580.000 Mark, auch weil der Bauherr während der Arbeiten den Ausbau des dritten Obergeschosses mit zwei Wohnungen für das Direktorium verlangte und auch der südliche Flügel an der Wittmannstraße größer gebaut werden sollte. Hinzu kamen 41.000 Mark für die Einfriedung, 263.300 Mark für die innere Einrichtung und für die Platzgestaltung 38.700 Mark, sodass die Gesamtlösung schließlich 922.000 Mark kostete – fast eine Million.[38]

Der Vollendung entgegen: Bank und Bastion sind 1909 fertig, Löwe und Brunnen auch

38 a.a.O., Sp. 192

Die Landeshypothekenbank war eine Staatsbank, und das bedingte eine heikle architektonische Aufgabe. Verlangt wurde nicht weniger als eine geschickte bauliche Gleichzeitigkeit von vornehmer Zurückhaltung und angemessen aufwändiger Repräsentation. Meissner gestaltete also die Außenfassade des Gebäudes, gemessen am Prunk anderer Bauten des Historismus, betont sachlich und „leistete" sich lediglich in der Mitte des Haupttrakts, am Eingang und auf der Südseite an der Wittmannstraße einige dekorative Historismus-Zitate. Dort befand sich auch der unauffällige, im Inneren aber umso prächtiger ausgestaltete Seiteneingang zu den beiden Wohnungen der künftigen Bankdirektoren im Dachgeschoss.

Bank mit Mensch: Einzige einer Reihe von hochwertigen Architektur-Aufnahmen der Landeshypothekenbank von 1909, auf der – winzig klein – ein Mensch im Fenster erscheint

Ein Foto kurz nach der Fertigstellung des Gebäudes mit dem noch nicht angelegten Paulusplatz zeigt deutlicher, als es der spätere Bewuchs des Platzes noch erkennen ließ, wie raffiniert Meissner das nach Süden abfallende Geländes für seine Architektur zu nutzen wusste: Der nördliche Querflügel des lang gestreckten Gebäudes erreicht die Höhe des Dachfirstes, während der südliche, ziemlich genau dem Gefälle des Platzes entsprechend, etliche Meter niedriger ist.

Dieser Asymmetrie entspricht auch die gesamte Gestaltung der Front am Paulusplatz: Fast unmerklich hat der Architekt nach Süden das eigentliche Kellergeschoss des Hauses zum Erdgeschoss gegenüber der Wittmannstraße gemacht. Vom Paulusplatz aus ist das kaum zu erkennen. Richtig Notiz davon nimmt nur, wer die breite Freitreppe zur Wittmannstraße hinunter geht. Der Haupteingang der Landeshypothekenbank liegt auch nicht, wie zu erwarten, in der optischen Mitte des Gebäudes, sondern, fast in einer Art von Goldenem Schnitt, nach rechts versetzt nahe dem nördlichen Querflügel.

Der Meister scherzt: Starke Vergrößerung zeigt, dass Paul Meissner sich hier selbst in Szene gesetzt hat

Nach Fertigstellung der Landeshypothekenbank ließ Meissner eine Reihe hervorragender fotografischer Architekturaufnahmen des Gebäudes anfertigen, die in seinem Nachlass erhalten blieben und sich heute im Zentralarchiv der Evangelischen Kirche in Hessen und Nassau befinden. Sie zeigen unter anderem, dass zu Beginn weder die Basalt-Pflasterung vor dem Haupteingang, noch ein wirklicher Straßenbelag, wohl aber bereits die für die Mathildenhöhe und das Tintenviertel typische Pflaster der Bürgersteige. Straßen und Platz scheinen mit gewalztem Bessunger Kies planiert gewesen zu sein.

Alle Bilder sind reine Architektur-Fotografie. Nur auf einem, das die Nordwestecke des Gebäudes zeigt, ist winzig klein in einem geöffneten Fenster eine männliche Figur zu sehen.

Mittelalterliche Maler pflegten ihr Porträt gerne schelmisch irgendwo am Rande eines ihrer Werke zu verstecken. Eine starke Vergrößerung des hundert Jahre alten Bildes zeigt, dass sich Paul Meissner schmunzelnd einen ähnlichen Spaß erlaubt hat.

Die Sprache der Architektur

Genau in der Mitte des Langhauses gibt es auf der Seite des Paulusplatzes statt des Eingangs eine Art vorspringenden Erker über alle drei Stockwerke mit gewölbtem Dach. Dass dies nicht nur eine dekorative Maßnahme war, offenbart ein Blick in den in der Deutschen Bau-Zeitung veröffentlichten Grundriss der Landeshypothekenbank, der in seinen Verwinkelungen und seiner Asymmetrie an ein Renaissance-Schloss denken lässt: Im ersten Stock saß hier (Raum b), direkt neben dem Direktor der Bank, der Staatskommissar. Erkennbar sollte dieser nicht nur im Zentrum sitzen, sondern auch jederzeit Blick auf den Publikumsverkehr haben. Und das ging nur,

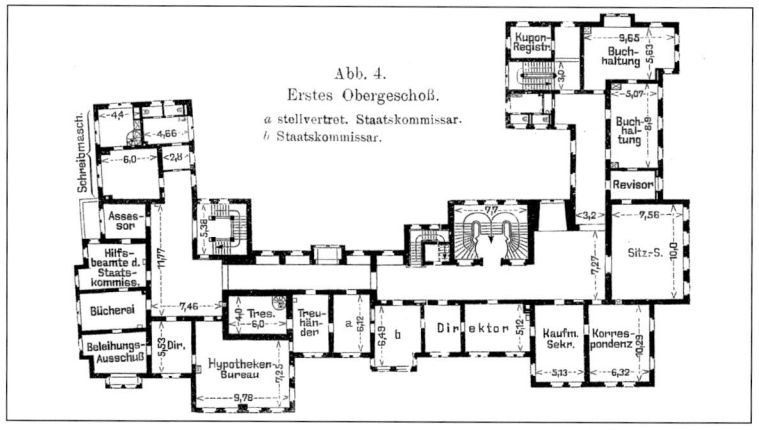

Diskret versteckt auf der Südseite: Direktions-Eingang

wenn er seitlich vom Haupteingang saß. Direkt über dem Eingang befand sich das Büro des Direktors, der offenbar mit dem Staatskommissar ein gemeinsames Vorzimmer hatte.

Bei der notwendigen Verschiebung des Haupteingangs nach Norden hat Meissner wohl einen weiteren Effekt klug einkalkuliert. Die vor dem Eingang liegende Freitreppe hinunter zu dem kleinen Park hatte auf diese Weise ein geringeres Gefälle zu überwinden als einige Meter weiter südlich. Das machte bei geringeren Kosten einen ausladenderen und repräsentativeren Gesamteindruck möglich. Die vor der Bank liegende Bastion mit den lang gestreckten historisierenden Balustraden lässt ebenfalls in vornehmer Repräsentation den Geländeunterschied fast vergessen.

Einen deutlichen Kontrast zur schlichten Vornehmheit des äußeren Erscheinungsbildes der Landeshypothekenbank bildete ihr Inneres. Einige Räume wie die Kasse, das Zimmer des Staatskommissars, die Dielen in den Wohnungen der Direktoren und besonders auch der Sitzungssaal im ersten Stock wurden mit Holzvertäfelungen und Stuckdecken ausgestattet. Besonders in der ersten, der Direktionsetage, dominierte eine reiche Ausmalung der Wände, die den Glas- und Monumentalmaler-Brüdern Otto und Rudolf Linnemann übertragen worden war.

Meissner – darin ganz und gar Historist – war der Meinung, dass nicht das Material über einen Gesamteindruck entscheiden dürfe, sondern dass es vor allem auf einen klaren Ausdruck der Form ankomme. Von der zu seiner Zeit viel diskutierten „Materialgerechtigkeit", die auch optisch zum Ausdruck kommen müsse, hielt er nichts. Deshalb ließ er nicht nur Wände und Werksteine bemalen, sowie auch Nischen, Bogen, Leibungen und Türumrahmungen. Heinrich Wagner schrieb 1910 in der Deutschen Bauzeitung:

„Hierdurch haben die Verkehrsräume des Gebäudes … ein ganz eigenartiges künstlerisches Gepräge erhalten, wie es in dieser Art in öffentlichen Gebäuden sonst wohl nicht angetroffen wird."[39]

---

39 ebd.

Besonders begeistert zeigte sich Wagner vom großen Treppenhaus:

„Den Hauptschmuck hat die Haupttreppe durch Malerei erhalten. Hierfür war u.a. der Umstand mitbestimmend, dass das Treppenhaus in Höhe des ersten Obergeschosses abschließen mußte und nun bei der Größe des Raumes sehr niedrig erscheint. Es lag dem Architekten deshalb daran, diesen Raum höher erscheinen zu lassen, was durch Anordnung einer die Decke gleichsam hebenden, perspektivischen Deckenmalerei gelang.“ [40]

Marmorstufen, Rankengitter und bekränzte Steinvasen: Aufgang zur Direktorenwohnung

Die größte Pracht ließ Meissner den Maler Linnemann im großen Sitzungssaal im ersten Stock der Bank entfalten. Es steht außer Frage, dass dies in enger Abstimmung mit seinen Auftraggebern geschah. Aber sogar ein höchst wohlwollender Rezensent wie Wagner ließ sich 1910 zu der Bemerkung hinreißen:

„Noch weiter ist der Architekt in der Ausstattung des Sitzungssaales gegangen, der an Reichtum der Formen und Farben des Haupttreppenhaus noch übertrifft und einen Prunkraum darstellt, dessen Pracht mit der im Vergleich hierzu etwas nüchternen Zweckbestimmung des Raumes vielleicht nicht ganz in Einklang steht.“ [41]

Otto Linnemann gestaltete zusammen mit seinem Bruder Rudolf auch die drei großen Glasfenster im Treppenhaus, die ganz im Stil des Historismus links und rechts allegorische Frauenfiguren für Landwirtschaft und Handwerk und in der Mitte den Götterboten Hermes als Gott nicht nur des Handels und der Diebe, sondern auch der Banken darstellten. Als Vorbild dienten wohl acht Scheiben mit biblischen und allegorischen Gestalten aus dem Rathaus von Emden, die 1576 von Jan Janssen van Amsterdam gestaltet wurden. Heute befinden sich diese im Ostfriesischen Landesmuseum in Emden. Sie waren durch die Werkstatt Linnemann in Frankfurt restauriert worden und lieferten dabei vermutlich Anregungen für die Gestaltung der Bank-Fenster in Darmstadt.

---

40 Wagner, a.a.O., Sp 186
41 ebd.

Zahnrad für die Industrie, Flügelhelm und Stab für Hermes, Ähren und Spaten für die Landwirtschaft: Allegorische Figuren von Otto und Rudolf Linnemann nach alten Vorbildern im großen Treppenhaus

Am 13. Januar 1944 wurden die Fenster wegen der zunehmenden Luftangriffe ausgebaut, wahrscheinlich in den zwei Stockwerke tiefen Keller der Bank verbracht und durch Milchglasscheiben ersetzt. Sie überstanden die Darmstädter Brandnacht, bei der die Landeshypothekenbank bis auf das Erdgeschoss ausbrannte und wurden nach dem Krieg wieder eingesetzt. Als das Gebäude 1959 an die Evangelische Kirche in Hessen und Nassau verkauft wurde, stiftete die Bank die Fenster dem Hessischen Landesmuseum.[42]

Der Direktions-Aufgang

Von Anfang an war vorgesehen, dass der Direktor der Hypothekenbank und sein Stellvertreter im Dachgeschoss des neuen Hauses wohnen sollten. Dafür wurde eigens ein repräsentativer Aufgang von der Wittmannstraße her geschaffen, der der prächtigen Ausstattung der Direktionsetage in nichts nachstand. Der einzige Raum mit Marmor-Fußboden im ganzen Haus ist das Vestibül zu diesem Aufgang, wo ein sanft plätschernder Delphin-Brunnen mit einem bekränzten Bacchus-Knaben den Eintretenden empfing. Schließlich lag der Weinkeller damals wie heute unmittelbar unter diesem Eingangsbereich. Auf den Einbau eines Paternosters hatte man verzichtet, aber die Gestaltung des Treppenhauses mit repräsentativem Zugang zu allen Etagen ließ keine Wünsche offen.

Der Brunnen vor dem Haupteingang

Direkt gegenüber dem Haupteingang der Landeshypothekenbank weitet sich die mit Balustraden bestückte Bastei zu einem kleinen Vorplatz, von dem aus drei Freitreppen hinunter in den Park führen. Von zwei allegorischen Steinplastiken flankiert, erhebt sich in der Mitte ein schlichtes, achteckiges Springbrunnen-Becken mit etwa ein Meter hohem Rand, in dessen Mitte sich eine reich mit pausbäckigen Glücksbrin-

Strenge Ordnung des Geldes: Kassenraum im Erdgeschoss

---

42 Vgl. Beeh-Lustenberger, Suzanne: Glasmalerei um 800–1900 im Hessischen Landesmuseum in Darmstadt, S. 303f

gern, ebenfalls Glück verheißenden Delphinen und Jakobs-muscheln verzierte Bronze-Säule erhebt. Gekrönt wird sie von einer zierlichen nackten Frauenfigur mit einem Blüten-kranz, der sich als Siegeskranz deuten lässt.[43] Steinplastiken und Brunnen wurden 1909 von dem Münchener Bildhauer Karl Killer geschaffen, der eng mit dem für den Triton-Brun-nen verantwortlichen Heinrich Jobst befreundet war.

Von den Steinplastiken gibt es aus dem Nachlass von Paul Meissner Aufnahmen der Gipsmodelle im Münchener Ate-lier Killers. Sie machen es möglich, die beiden, heute schon von der Witterung deutlich angegriffenen Figuren näher zu bestimmen: Die weibliche ist ganz offensichtlich Fortuna, griechisch Tyche, mit einem Füllhorn, die männliche trägt einen bekränzten Stab, den man eigentlich nur als Thyrsos-stab, in der Antike Attribut des Bacchus oder Dionysos, inter-pretieren kann (siehe S. 49 f).

Fortuna, die Göttin des Glücks, aber auch des Schicksals, macht vor einer Bank Sinn. Aber Bacchus, Gott des Weines und die personifizierte schwelgerische Lebensfreude vor einer Staatsbank? Doch ist die Figur kaum anders zu deuten, und da keine weiteren Unterlagen erhalten sind, lässt sich nur darauf verweisen, dass die Planung des Bankhauses von Anfang an einen Weinkeller im Untergeschoss vorsah, den die Evangeli-sche Kirche in Hessen und Nassau heute noch nutzt, um den Verkauf ihrer eigenen Weine aus den vorzüglichen Oppenhei-mer und Niersteiner Weinlagen zu befördern.

Für die bronzene Brunnen-Figur auf der Säule ist kein Name überliefert. Aber es gibt eine interessante Parallele im Schaffen Killers: 1907 hatte dieser für den Isartorplatz in München den heute noch existierenden Fortuna-Brunnen geschaffen, in des-sen Mitte eine ebenfalls unbekleidete Frauenfigur steht. Aller-dings trägt sie keinen Kranz, sondern ein Füllhorn.[44]

Trotzt seit 100 Jahren mit Sieger-kranz standhaft auch der Winterkälte

Vorläuferin mit Füllhorn: Fortuna-Brunnen von Karl Killer von 1907

---

43 Roth/Zimmermann deuten die Figur als Symbol des Frühlings, geben dafür aber keine Begründung. Vgl. Roth/Zimmermann: Die Brunnen von Darmstadt, S. 56
44 Freundlicher Hinweis von Herrn Andreas Göller, Archiv TUD

„Staats-Nymphe" blickt wohlgefällig hinüber zur Kirche: Beliebte Ansichtskarte, um 1912

*Südlicher Bastions-Abschluss
zur Wittmannstraße mit noch
zierlichen Kastanien, um 1910*

*Medusenhaupt mit fülligem Herren:
Eigenwillige Interpretation des
Triton-Motivs durch Heinrich Jobst*

Auch die Anordnung der Wasserspeier ist ähnlich. In München soll die bekleidungslose Göttin damals einiges Ärgernis erregt haben. Eines Morgens stand die Fortuna jedenfalls mit einem Drahtgeflecht umhüllt wie eine Köchin mit Schürze da. Vom Paulusplatz sind derartige Proteste nicht bekannt geworden.

Der Triton-Brunnen

Wegen des abfallenden Geländes konzipierte Meissner die Südseite der Bastei als fast vier Meter hohe Mauer, für die Heinrich Jobst einen historisierenden Brunnen mit einem Triton-Motiv schuf. Triton war in der griechischen Mythologie ein Sohn des hochgradig polygamen Poseidon und der Nymphe Amphitrite. Er soll in der Gegend des heutigen Tunesien einen goldenen Palast besessen und den einst auf der Suche nach dem Goldenen Vlies umher irrenden Argonauten geholfen haben: Als diese durch einen Wirbelsturm in der Wüste landeten, zog er ihre Schiffe wieder zurück ins Meer.

In der Bildenden Kunst wurde Triton gern mit dem Oberkörper eines Menschen, dem Unterleib eines Fisches und Muschelhorn dargestellt. Auch auf dem Fries des berühmten Pergamon-Altars in Berlin ist Triton beim Kampf der Götter zu sehen. Besonders um die Wende zum 20. Jahrhundert erfreuten sich Brunnen mit dem Triton-Motiv einiger Beliebtheit: Es gibt sie unter anderem in Aachen, Düsseldorf, Malta, Rom und Wien. Der Darmstädter Triton-Brunnen stellt ikonographisch eine eigenwillige Abwandlung des alten Motivs dar: Erkennbar ist eine bärtige männliche Figur, die die aus einem wasserspeienden Medusenhaupt heraus zu wachsen scheint und in der unteren Hälfte keinen Fischleib, sondern eine Art aus Blüten geflochtenen Lendenschurz und zwei stämmige Beine hat. Auf beiden Seiten sind merkwürdige, schlangenartig sich windende Körper zu sehen, die aber vielleicht nur ästhetisch das Medusenhaupt nach oben verlängern sollen Mit beiden Armen hält die Figur eine Art Banner mit der (eigenwillig geschriebenen) römischen Jahreszahl MDCCCCV – 1905, dem Jahr der Entscheidung über den Bau des Bankgebäudes.

Richtung Süden aufgetürmt,
was gut und teuer ist: Hessen-
Löwe, korinthische Säule in glatt,
Balustrade und Triton-Brunnen

Der Triton-Brunnen verdankt seine Existenz auch der Lösung eines sehr profanen technischen Problems: Er diente als Ableitung überschüssigen Wassers an Regentagen aus dem zentralen Brunnen vor dem Haupteingang der Landeshypothekenbank. Das erklärt, warum auf alten Abbildungen der gespitzte Mund der Medusa in ein längeres, recht unschönes Abwasser-Rohr mit drei Ausläufen mündet: Offenkundig hatte zu Beginn das in regenarmen Zeiten nur spärlich tröpfelnde Wasser zu unschöner Algenbildung an der Wand geführt.

Nachkriegsversehrt: Angeblich haben während der Besatzungszeit amerikanische GIs das Hinterteil des Löwen gezielt ins Visier genommen

Rätselhafter Hessen-Löwe

Oberhalb des Triton-Brunnens an der Süd-Bastei thront ein von Karl Killer gestalteter, schwertbewaffneter Hessen-Löwe auf einer hohen Säule. Dessen Positionierung ist erstaunlich: Er dreht der Bank den Rücken zu und schaut nach Südosten. Wenn damit eine politische Aussage im Angesicht der Staatsbank verbunden gewesen sein sollte, ist sie jedenfalls heute nicht mehr zu entschlüsseln. Anfang des 20. Jahrhunderts gab es für Hessen-Darmstadt im Südosten weder einen territorialen Konflikt, noch sonst ein politisches Problem.

Wieder stolz auf Wacht: Der Hessen-Löwe im Winter 2012 nach seiner Restaurierung

Anwohner des Paulusplatzes berichten, dass amerikanische Soldaten sich nach 1945 gelegentlich einen Spaß daraus gemacht hätten, auf das Hinterteil des Hessen-Löwen zu schießen. Die entsprechenden, recht tief gehenden „Verwundungen" wurden beim ersten Bauabschnitt der Sanierung des Paulusplatzes im Sommer 2012 fachgerecht ausgebessert und sind heute praktisch nicht mehr zu sehen.

Bei feuchtem Wetter allerdings zeigt sich der neue Stein, ohne die Patina eines Jahrhunderts, als deutlich aufnahmefähiger für Wasser und lässt den Löwen noch Tage später am Gesäß etwas inkontinent erscheinen.

Panoramablick: Um 1910 konnte man im Sonntagsstaat von der Ludwigshöhe aus schon den fertigen fernen Paulusplatz bewundern – und noch viel Platz im „Tintenviertel"

Vogelperspektive: Sehr seltene „Ballonaufnahme" aus der gleichen Zeit. Sie zeigt deutlich: Südlich der Wittmannstraße gab es bis zur Schießhausstraße (später Jahnstraße) immer noch die alten Trampelpfade. Am rechten unteren Bildrand: Die ehemalige Gärtnerei Loos

Stille Größe: Die Landeshypothekenbank um 1912. Büsche und Blumenrabatten sind schon ordentlich gewachsen

Paulusplatz-Trinität: Villa Merck, Hessen-Löwe und Pauluskirche. Interessant: Mit dem Putz an der Süd-Bastion gab es offenbar schon damals Probleme

6. Das Wachsen des Tintenviertels

1907 ließ eine von den USA ausgehende Banken- und Hypothekenkrise den Baumarkt in Deutschland weitgehend zusammenbrechen.[45] Auch für das Areal um den Paulusplatz fanden sich kaum mehr Bauwillige. Zwar entstand 1908 noch die „Villa Merck", aber die Bestandsaufnahme Pützers von 1912 zeigt immer noch zahlreiche leere Flächen. Mit dem Kriegsausbruch kam dann die private Bautätigkeit völlig zum Erliegen.

Die „Villa Merck"

Nach Plänen von Paul Meissner wurde 1908 schräg gegenüber in der Ohlystraße Nr. 50 Ecke Niebergallweg die repräsentative „Villa Merck" erbaut. Bauherr war Carl Merck, ab 1919 wohnten dort Louis Merck und seine Frau Magdalena mit ihren Kindern. Gegenüber dem betont sachlichen Äußeren der Landeshypothekenbank zeigt sich hier, dass Meissner durchaus auch die anheimelnde Formensprache des Heimatstils mit geknicktem Krüppelwalmdach, zahlreichen Dachgauben, Erkern, kleinen Balkonen und Fensterläden beherrschte. Die Villa wurde in der Darmstädter Brandnacht 11./12. September 1944 vollständig zerstört. Planungsunterlagen sind nicht erhalten, lediglich einige Fotos im Archiv der Merck KGaA.

Dabei ist hat Paul Meissner in Details wohl auch auf Entwürfe für die Landeshypothekenbank zurückgegriffen. Die schneckenförmigen Ornamente des schmiedeeisernen Eingangstors der Merck-Villa gleichen denen am Hoftor der Landeshypothekenbank jedenfalls verblüffend.

Das Haus war unmittelbar auf der Grundstücksgrenze zur Ohlystraße hin erbaut. Der Garten befand sich auf der Rückseite nach Norden. Vor dem Haus gab es einen schmalen,

---

45 Freundlicher Hinweis von Dr. Peter Engels.

*Kunstvolles Schmiedeeisen:
Gartentor der Villa Merck*

mit Ulmen bepflanzten Geländestreifen, der die Zufahrt zum Haus von der eigentlichen Straße abtrennte und sich im Volksmund wegen seiner Krümmung rasch die Bezeichnung „De Banan'" erwarb. Eine frühere Hausbewohnerin erinnert sich, dass in der Zeit des Nationalsozialismus am Mittwoch und Samstag um 15 Uhr jeweils BDM und „Jungmädel" antreten mussten. Das Haus selbst war mit schweren Möbeln in eher dunkel gehaltenen Räumen im bürgerlichen Stil des ausgehenden 19. Jahrhunderts eingerichtet.

„Beamtenhäuser"

Am 30. Oktober 1922 wurde unter der Adresse Niebergallweg 22 in das Brandkatasterbuch Darmstadt ein „Beamtenwohnhaus, 2stöckig" eingetragen. Eigentümer war der „Volksstaat Hessen". Ein ähnliches Haus entstand 1925 im Niebergallweg 21, weitere in der Hobrechtstraße. Es handelte sich um heute noch existierende lang gestrecktes zweistöckiges Wohngebäude mit Fensterläden, Krüppel-Walmdach und zahlreichen Dachgauben in einem vereinfachten Heimatstil. August Buxbaum kritisierte diese Bauten heftig, denn Mietshäuser waren in dem Villen-Quartier eigentlich nicht vorgesehen. Aber die Bebauung des Tintenviertels sollte vorangehen, und private Bauherren gab es in Zeiten der ruinösen Inflation nicht.

Am südlichen Paulusplatz entstand in den späteren 20er Jahren auch das „Haus Sölling" von Jan Hubert Pinand. Es war ein eher bescheidenes, funktionales Haus mit der klassischen Aufteilung: Im Erdgeschoss die Wohnräume, im ersten Stock das Schlafzimmer und unter dem Dach das Personal.

Ein Buch spricht Bände

Buxbaum-Buch

Im Jahre 1920 erschien im „Kommissionsverlag A. Reichert, Frankfurt A.M." ein bemerkenswertes Buch: „Darmstadt und Umgebung in zweihundert Federzeichnungen". Als Herausgeber zeichnete August Buxbaum, der im Vorwort betonte, die Absicht der Veröffentlichung sei es „für Darmstadt und

Unverkennbar Heimatschutz-
Stil: Die „Villa Merck" von
1908, erbaut von Paul Meissner

Gediegenes Ambiente:
Esszimmer der Familie Merck

Erste Adresse: Villa Merck
zwischen Pauluskirche und
Landeshypothekenbank

seine Umgebung zu werben." Hauptzweck des Bandes schien allerdings eher die Publikation von Buxbaum-Grafiken zu sein. Neben zahlreichen seiner Arbeiten enthielt der Band auch Zeichnungen der Professoren Friedrich Pützer und H. Walbe, der Darmstädter Architekten Seibert, Stumpf und Osterrath und etlicher anderer.

Auswahl und Reihenfolge der Abbildungen erschienen recht willkürlich. Bei Weitem überwogen Bilder historischer Bauten oder Bauteile, von Neubauten der Villenviertel, sowie von Darmstädter und Odenwald-Idyllen. Die Mathildenhöhe war nur mit einem einzigen, reichlich lieblosen Buxbaum-Bild vom Hochzeitsturm vertreten.

Völlig unvermittelt tauchten aber auf den Seiten 78 bis 83 Bebauungspläne des Städtischen Hochbauamts aus den zurückliegenden zwanzig Jahren auf. Stadtgeschichtlich sind diese Pläne heute interessant, ihre Funktion in einem Bildband von 1920 aber ist merkwürdig und bietet zugleich den Schlüssel zum Verständnis:

Bilder und ganze Aufmachung des Buches sollten eine Brücke zurück in die Vorkriegszeit schlagen. Auswahl und Stil spiegelten den von romantischem Historismus geprägten Heimat-Stil, für den Buxbaum stand. In die graue Gegenwart sollte offenkundig die Botschaft ergehen: Wir haben unsere Werte nicht verloren. Entsprechend beschwörend fiel das Vorwort des damaligen Oberbürgermeisters Dr. Glässing aus.

Paul Meissner war nicht in dem Band vertreten, obwohl er längst zahlreiche Belege seines großen Zeichentalents geliefert hatte. Die Pauluskirche erschien im Buch mit einer Pützer-Zeichnung, die Landeshypothekenbank gleich gar nicht. Lediglich im Vorwort Glässings wurde Meissners Name ein einziges Mal in einer Reihe mit den Architekten-Kollegen Hofmann, Pützer, Vetterlein, Walbe und Wickop erwähnt. Das war kein Zufall. Während die enge Zusammenarbeit zwischen Pützer und Buxbaum aus der Vorkriegszeit offenbar nahtlos weiterging, war die Verbindung zwischen Meissner und Buxbaum abgerissen.

Paulusplatz mit Villa Merck, Pauluskirche und Beamtenhaus von Süden, um 1925 (oben). Beamtenhaus am Paulusplatz von Norden (unten)

Darmstadt   Partie an der Pauluskirche

Friedrich Pützer starb zwei Jahre später. Paul Meissner aber hatte schon vor dem Krieg ein neues Feld für sich und seine Bauten entdeckt: den Beton. Kriegszeit, Inflation und Weltwirtschaftskrise der 20er Jahre hatten den Markt für repräsentative Bauten im Stil der Vorkriegszeit beendet.

Pauluskirche und -gemeinde nach dem Ersten Weltkrieg

Während des Ersten Weltkrieges hatte es 1917 eine Aufforderung an alle Kirchengemeinden gegeben, ihre Glocken abzuliefern. Die Paulusgemeinde hatte dies aber ignoriert, und das hatte auch keine weiteren Folgen. Für die Zeit des Ersten Weltkrieges und der ersten Hälfte der 20er Jahre gibt es keine Vermerke über die Paulusgemeinde in der Jaekel'schen Chronik. Auch die Bautätigkeit im Tintenviertel war während des Ersten Weltkrieges zum Erliegen gekommen. Aufnahmen aus den frühen zwanziger Jahren zeigen noch immer viele freie Flächen. Am 30. Oktober 1927 vermerkt die kirchliche Chronik:

„Zum 25jährigen Bestehen der Paulusgemeinde (erg.: 1932) beschloss der Kirchenvorstand, die künstlerische Ausgestaltung des Gotteshauses zu vervollständigen. Das eine – bisher noch freie 4-Flächen-Fenster wird mit einem biblischen Gebilde geschmückt. Das zweite Flächenfenster, das ebenfalls noch leer ist, wird auf dem einen Teil den Namen des Baumeisters und der Künstler der Kirche tragen. Der andere Teil wird mit der Inschrift versehen: „Zum 25jährigen Jubiläum ihrem ersten Pfarrer Hermann Rückert die dankbare Paulusgemeinde. Das neue Fenster nach dem Plan von Heinrich Altherr, der auch die übrigen Fenster schuf, in der Werkstatt der Gebrüder Seile – Stuttgart – hergestellt, stellt die Bekehrung des Paulus auf dem Weg nach Damaskus dar. Es konnte bereits in der Weihnachtszeit bewundert werden."

Am 11. Juli 1928 beschloss die Kirchenregierung die Umwandlung der Pfarrassistentenstelle an der evangelischen Paulusgemeinde in eine reguläre Pfarrstelle. In der Folge gab es zwei Pfarrbezirke: Ost und West. Gemeinsame Grenze waren die Martinstraße und der Martinspfad. Pfarrer des Ostbezirks wurde Hermann Rückert (bis zum 31.10. 1932), Pfarrer des Westbezirks Arthur Müller (bis zum 11.3. 1940).

Am 1. Mai 1929 wurde der „Volkskindergarten" der Paulusgemeinde in der Wittmannstraße 14 eröffnet. Im Oktober des gleichen Jahres zog er in die Ohlystraße 53 um, wo ein „Kleinkinderschulgebäude" errichtet worden war. Am 29. September 1932 feierte die Paulusgemeinde ihr 25-jähriges Bestehen mit einem Festgottesdienst und verabschiedete zugleich ihren ersten Gemeindepfarrer Hermann Rückert in den Ruhestand.

Seltenes Dokument: Ansichtskarte der Pauluskirche mit Hakenkreuz-Beflaggung. Vermutlich aufgenommen am Sonntag, den 26.2. 1934, dem ersten von den Nationalsozialisten verordneten „Nationalen Heldengedenktag"

Nach der Machtergreifung durch die Nationalsozialisten begannen auch in der Paulusgemeinde die Auseinandersetzungen über den künftigen Weg der evangelischen Gemeinden. Innerhalb kurzer Zeit gelang es den Nazis, die meisten Leitungen der Evangelischen Landeskirchen durch Vertreter der nationalsozialistisch ausgerichteten „Deutschen Christen" auf ihre totalitäre Linie zu bringen. Die sich formierende „Bekennende Kirche", die sich dem totalitären Anspruch des Staates widersetzte, hatte zwar eine gewisse die Landeskirchen übergreifende Organisationsstruktur, das Bekenntnis zu ihr blieb aber im wesentlichen die Sache einzelner Christen und einzelner Gemeinden.

Die Stellung der Paulusgemeinde zur Bekennenden Kirche war in der Gemeinde selbst heftig umstritten.[46] Die beiden Gemeindepfarrer Arthur Müller und Robert Wolf hatten sich für die Bekennende Kirche entschieden, der Kirchenvorstand votierte uneinheitlich. Die Unruhe in der Gemeinde war erheblich, es gab demonstrative Austritte, aber auch Eintritte wegen der entschiedenen Haltung der Pfarrer. Immer wieder bemühte sich die Bekennende Kirche darum, dass ihre Vertreter zu „Evangelischen Wochen" in den Gemeinden eingeladen wurden, um dort Überzeugungsarbeit zu leisten. Drei Mal hatte es der Paulus-Kirchenvorstand es abgelehnt, sich an einer solchen Einladung von Darmstädter Gemeinden zu be-

---

46 Vgl. Stoll, Johannes: Die Bedeutung der Evangelischen Woche 1937 für die Paulusgemeinde. In: Kirchenvorstand der Evangelischen Paulusgemeinde zu Darmstadt (Hrsg.): Fünfzig Jahre Pauluskirche zu Darmstadt

teiligen, am 19. Oktober 1936 schließlich kam ein positiver Beschluss zustande. Anfang März 1937 begann die Werbung durch schriftliche Einladungen, Plakate und Kanzelabkündigungen. Staatliche Schikanen und Verhinderungsversuche folgten auf dem Fuße.

Die Veranstalter hatten die Evangelische Woche vom Mittwoch, den 31. März bis zum Sonntag, den 4. April 1937 ausdrücklich als „Geistliche Woche" deklariert. Gottesdienste, Andachten und biblische Besinnungen deutschlandweit bekannter Prediger bildeten den Schwerpunkt. Und doch war allen Beteiligten klar, dass das eigentliche Thema die Stärkung evangelischen Widerstands gegen die Gleichschaltung der Kirchen unter den „Deutschen Christen" und den immer totalitärer sich gebärdenden NS-Staat war. Dieser reagierte gereizt, mit Verboten, Verhaftungen und starkem polizeilichem Druck.

Es wurde ein dramatisches Katz-und-Maus-Spiel. Gemeinden und Prediger ignorierten Rede- und Veranstaltungsverbote, Veranstaltungen wurden rasch verlegt. Redner entkamen der Verhaftung notfalls durch das Sakristeifenster. Ein Augenzeuge berichtete vom Abend des 1. April:

„Pfr. Busch – Essen - … war durch Gärten und einen unterirdischen Gang in die Kirche gelangt. Er sprach über ,Jesus Christus – Heiland und Herr', zunächst vom Altar, nach 3 Minuten von der Kanzel, um auch durch Lautsprecher draußen gehört zu werden. Draußen stellte die Polizei den Lautsprecher sofort ab. Um 21 Uhr war der Vortrag zu Ende, es folgten Gebet und Lied. Während des Gebets verließ Pfr. Busch den Kirchenraum. … Um 21 Uhr verließ die etwa 700köpfige Menge das Gotteshaus. Draußen wurde bekannt, dass Pastor Busch, kurz nachdem er das an die Kirche gebaute Pfarrhaus betreten hatte, verhaftet sei. … Vor der Kirche wartete die Gemeinde. Als Pfr. Busch das Polizeiauto besteigen mußte, erklang wieder das Lutherlied. Pfr. Wintermann begann ein Gebet zu sprechen, wurde aber während des Betens von einem Polizisten mit lauter Stimme aufgefordert, aufzuhören, da Gottesdienste unter freiem Himmel verboten seien. Die Menge beruhigte sich bald, betete vor der Kirche gemeinsam das Vaterunser. Pfr. Knell forderte zum Nachhausegehen auf, was auch geschah. "[47]

---

47 Zit. nach Jaekel: Chronik der Darmstädter kirchlichen Ereignisse 1900 – 1989, S. 251

Am folgenden Abend war der Andrang auch junger Leute so groß, dass viele draußen vor der Kirche bleiben mussten. Die beiden Gemeinden drinnen und draußen vereinigten sich in dem Choral „Erhalt uns Herr, bei deinem Wort / und steure deiner Feinde Mord, / die Jesus Christus, deinen Sohn / wollen stürzen von seinem Thron."[48]

Als am Montag, den 5. April, bekannt wurde, dass die fünf während der Evangelischen Woche verhafteten Pfarrer wieder frei seien, läuteten die Glocken fast aller Darmstädter Kirchen. Der Zusammenhalt derer die sich zur Bekennenden Kirche bekannten, war beträchtlich gewachsen.

Den Ersten Weltkrieg hatte das Geläut der Pauluskirche unbeschadet überstanden. Nicht so den Zweiten. Am 26. Februar 1943 wurden die drei großen Glocken auf dem Turm der Pauluskirche zerschnitten und für die Rüstungsproduktion abtransportiert. Nur die kleinste Glocke blieb der Gemeinde erhalten.[49] Erst 12 Jahre später erhielt die Pauluskirche ein neues Geläut.

Die Landeshypothekenbank nach dem Ersten Weltkrieg

Aus der Zeit zwischen den beiden Weltkriegen sind außer den jährlichen Geschäftsberichten keine Unterlagen über das Ergehen der Hessischen Landeshypothekenbank erhalten. In den jährlichen Geschäftsberichten spiegelt die Zeitgeschichte: Inflation und Weltwirtschaftskrise schlagen sich unmittelbar in den Bilanzen nieder. Nach 1933 ist das Bemühen der Nationalsozialisten erkennbar, die Geschäftstätigkeit der Bank zurückzufahren, bis sie 1940 schließlich ihren Betrieb einstellte und in der Hessischen Landesbank – Girozentrale aufging. Zwei Dokumente aus jenen zwei Jahrzehnten geben besonders interessante Einblicke:

---

48 Stoll a.a.O., S: 17
49 Jaeckel, a.a.O., S. 270 und Stoll, S. 58

Ehre den Gefallenen des Ersten Weltkrieges: Gedenkplakette von Heinrich Jobst im Erdgeschoss der Landeshypothekenbank (verschollen)

Strammstehen zum Heldengedenktag: SA posiert in der Landeshypothekenbank

Der mit Paul Meissner befreundete Bildhauer Heinrich Jobst erhielt nach dem Ersten Weltkrieg den Auftrag, für den Eingangsbereich der Landeshypothekenbank eine repräsentative Gedenktafel für die im Krieg gefallenen Mitarbeiter der Bank zu erstellen. Das hat der 2012 verstorbene Darmstädter Heimatforscher Karl Heinz Hohenschuh bei Recherchen zu einem Werkverzeichnis von Heinrich Jobst herausgefunden. Diese Tafel überdauerte die schwere Beschädigung der Bank in der Darmstädter Brandnacht und scheint noch lange ihrem Platz geblieben zu sein. 1959 änderte sich das, als nach langen Verhandlungen die Evangelische Kirche in Hessen und Nassau mit Kirchenverwaltung und Kirchenleitung in das ehemalige Bankgebäude einzog. Die Helaba baute dafür am heutigen Eingang des Citytunnels in der Rheinstraße.

Der damalige Kirchenpräsident Martin Niemöller, einst hoch dekorierter WK-I-U-Boot-Kommandant, war angesichts der Gefahr eines Atomkriegs zum leidenschaftlichen Friedensaktivisten geworden. Die Tafel mit ihrem markigen Heldenpathos dürfte ihm ein Dorn im Auge gewesen sein. Sie wurde abmontiert und im Keller der ehemaligen provisorischen Kirchenverwaltung in der Adelungstraße (vormals Waldstraße oder Mackensenstraße) 40 gelagert. 1995, so berichtet Hohenschuh in seiner Monografie[50], sollte sie, obwohl kaum beschädigt, verschrottet werden. Ein Darmstädter Sammler von Militaria habe die Tafel erworben und gerettet. Im Hohenschuh-Buch ist ein Foto abgebildet. Ein Aufruf im Darmstädter Echo an den oder die unbekannten neuen Besitzer der Tafel im Sommer 2013 blieb ohne Erfolg.

Die Tafel spielt auch noch einmal eine Rolle auf einem Bild aus den 30er Jahren, das Hoheschuh dem Verfasser ebenfalls zeigte, aber keine Auskunft über dessen Herkunft geben wollte. Zu sehen sind neben Hakenkreuz-geschmückten Lorbeerkränzen zwei Wachen in SA-Uniformen. Möglicherweise ist das Bild am 26.2.1934 aufgenommen worden, als Hitlers erster Reichswehrminister General Werner von Blomberg den

---

50 Hohenschuh, Karl Heinz: Heinrich Jobst, ein Darmstädter Bildhauer aus Bayern; als Manuskript gedruckt, Darmstadt 2005

ersten „Nationalen Heldengedenktag" befohlen hatte. Eine Ehrenwache vor der Gedenktafel in einer Staatsbank würde dazu passen. Zwei Tage später, am 28. Februar 1934 ordnete Blomberg übrigens die Anwendung des „Gesetzes zur Wiederherstellung des Berufsbeamtentums" auf Soldaten an. Damit mussten – mit Ausnahme der ehemaligen Frontkämpfer – sämtliche jüdischen Soldaten die Reichswehr verlassen.

Mit der Machtübernahme der Nationalsozialisten war die Hessische Landeshypothekenbank als Staatsbank vollkommen dem politischen NS-Diktat ausgeliefert. Indirekter Beleg dafür ist eine Fotografie, ebenfalls aus dem Bestand Hohenschuh, die einen NS-Uniformierten wohl nach einem Besuch der Bank bei der Verabschiedung durch den Bankdirektor zeigt. Die Körpersprache spricht Bände. Leider war keiner der drei Männer bisher zu identifizieren.

1940 wurde die Hessische Landeshypothekenbank mit der Hessischen Landesbank-Staatsbank und der Landeskommunalbank verschmolzen. 1953 fusionierte sie mit der Nassauischen Landesbank Wiesbaden und der Landeskreditkasse Kassel zur Hessischen Landesbank Girozentrale und firmierte seit 1992 unter der Bezeichnung „Helaba Hessen-Thüringen".

Friedrich Pützer hätte seine
Freude gehabt: Einzige bekannte
Luftaufnahme des Paulusplatzes
aus den frühen dreißiger Jahren.

Das Quartier wächst

Die einzige bekannte Luftaufnahme des Paulusplatzes aus den frühen dreißiger Jahren zeigt das Grundstück Ohlystraße 48 Ecke Moserstraße noch unbebaut, auch das Grundstück Ohlystraße 46 ist noch frei. Unbebaut ist auch der Niebergallweg zwischen der Villa Merck und der „Pillenburg". Im Niebergallweg 22 und in der Wittmannstraße stehen bereits die „Beamtenhäuser".

NS-Nachbarschaft am Paulusplatz

Das Darmstädter Brandkatasterbuch verzeichnet für den 1. Januar 1933 ein neues Haus in der Ohlystr. 48, neben der Villa Merck, direkt am Paulusplatz. Es gehörte dem damals fünfzigjährigen Landgerichtsrat Dr. Paul Langenbach. Langenbach war 1919 in Darmstadt Staatsanwalt geworden und hatte dann bald Karriere gemacht, bis er 1932 Landgerichtsrat wurde. Er hatte zwei Söhne, seine Frau war Schwedin. Nach der Machtergreifung der Nationalsozialisten verabschiedete der Reichstag am 7. April 1933 das „Gesetz zur Wiederherstellung des Berufsbeamtentums", das zum Ziel hatte, jüdische und politisch missliebige Beamte aus dem Staatsdienst zu entfernen.

In dem entsprechenden Fragebogen gab Langenbach bei der Frage nach seiner Konfession an: „evangelisch/jüdisch bis zum 13. Lebensjahr".[51] Auch seine Eltern und Großeltern waren jüdischen Glaubens gewesen. Aber nicht dieser Fragebogen, sondern eine seit 1932 schwelende dubiose Affäre um seine beiden Söhne und den Bezug von Kindergeld brachen ihm beruflich das Genick: „Auf Nachsuchen" wurde er zum 1.4. 1934 in den Ruhestand versetzt und in einem Disziplinarverfahren im November des gleichen Jahres zu einer Geldstrafe verurteilt. 1938 wanderte die Familie nach Schweden aus, nachdem Dr. Langenbach mehrfach zur Gestapo bestellt und bedroht worden war.[52] Man darf annehmen, dass er wie in vergleichbaren Fällen das Haus mit allem Inventar zurück lassen musste.

Treuer Gefolgsmann Hitlers seit 1922: NS-Kreisleiter Dr. Karl Schilling, 1938

Sehr bald zog hier der neue Kreisleiter der NSDAP, Dr. Karl Schilling, ein. Die Adressbücher 1941 und 1942 kennen als neuen Eigentümer des Hauses Ohlystraße 48 nun den „Gemeinnützigen Hausbeschaffungsverein Hessen/Nassau e.V.". Dr. Schilling wird als Bewohner bzw. Mieter des Gebäudes angegeben. Zweck des Hausbeschaffungsvereins war lt. Satzung, die Beschaffung von Gebäuden für Dienststellen der NSDAP, namentlich für die Kreisleitung. Vorsitzender des Vereins war Dr. Schilling.[53]

Kreisleiter waren die obersten Parteiführer auf Kreisebene und in der Regel faktisch kommunale Verwaltungschefs mit einem erheblichen eigenen Beamtenapparat. Ihre wichtigste Aufgabe war es, den Einfluss der NSDAP auf Politik und Verwaltung abzusichern. In Krieg waren die Kreisleiter dann auch für die Organisation von Hilfsmaßnahmen bei Luftangriffen zuständig (z.B. Verpflegung und Notquartiere) und leiteten dann die Brandbekämpfung. Die Kreisleitung für Darmstadt befand sich in der Rheinstraße 95.

51 HStA Darmstadt G 21 B, 2299/1 – 2
52 Freundliche Mitteilung von Frau Christiane von Kessel
53 HStA Darmstadt Bestand G 28 Darmstadt Nr. R 235, Freundlicher Hinweis von Herrn Dr. Friedrich Kniess

Bereits 1922 war Schilling, damals noch Arzt in Gau-Odernheim, in die Partei eingetreten, betätigte sich intensiv als Agitator, hatte von 1929 bis 1937 nebenamtlich als Kreisleiter der NSDAP in Alzey fungiert und war 1932 in den Hessischen Landtag gewählt worden.[54]

Bei dieser Wahl hatten die Nationalsozialisten bereits 44 Prozent der Stimmen bekommen, die SPD nur noch 23 Prozent. Von 1934 bis 1937 leitete Schilling das Amt für Volksgesundheit in Alzey. Er hatte zwei Söhne, geboren 1931 und 1936.

Zum 1. Oktober 1937 wurde Schilling hauptamtlicher Kreisleiter der NSDAP in Darmstadt. 1941–45 gehörte er dem (längst bedeutungslosen) nationalsozialistischen Reichstag an, wo er den Wahlkreis 33 (Hessen) vertrat. Noch wenige Tage vor dem Einmarsch der Amerikaner in Darmstadt erklärte er in einer markigen Rede vor dem NSDAP-Führerkorps, man werde *„am Ende doch Sieger bleiben"*.[55] Dann scheint er, wie viele andere Nazi-Größen auch, Darmstadt verlassen und sich in den Wirren der letzten Kriegswochen in nördlicher Richtung abgesetzt zu haben – und zwar offenbar mit seiner Familie.

Im Juli 1945 tauchte er in dem kleinen Ort Dorstadt bei Goslar (heute Samtgemeinde Oderwald) auf und blieb dort bis 1953. Dann siedelte er nach Lengde bei Goslar (heute Vienenburg) über und praktizierte dort bis zum April 1962 als Arzt[56]. 1962 zog er nach Göttingen, wo er 1973 starb.[57] Ein Spruchkammerverfahren zur Feststellung seiner Verstrickung in den Nationalsozialismus hatte er offensichtlich immer vermeiden können.

---

54 Zur Biografie Schillings vor seiner Darmstädter Zeit vgl. Schnitter, Florian: Die Alzeyer Kreisleitung und ihre Protagonisten: Dr. Karl Schilling und Dr. Friedrich Wirth, sowie: „Wir werden Lichtbringer sein für die ganze Welt" – Karl Schilling – Arzt, „Kriegsheld" und früher NS-Agitator; in: „Beseelt mit Hitlergeist" … bis zum bitteren Ende. Nationalsozialismus im Alzeyer Land; Alzeyer Geschichtsblätter, Sonderheft 26; Alzey 2012
55 Darmstädter Zeitung vom 20. März 1945, zit. nach Franz: Vom Biedermeier in die Katastrophe des Feuersturms, in: Battenberg u.a.: Darmstadts Geschichte, S. 481
56 http://lengde-info.de.tl/Statistiken.htm und http://lengde-info.de.tl/Geschichte.htm
57 http://de.wikipedia.org/wiki/Karl_Schilling

Schilling war evangelisch. Es mag Spekulation sein, aber vielleicht war es ja auch kein reiner Zufall, sondern durchaus auch als Einschüchterung gegenüber renitenten Tendenzen in der Paulusgemeinde gedacht, dass die oberste Darmstädter NS-Charge ein Haus direkt am Paulusplatz neben der Hypothekenbank und schräg gegenüber der Pauluskirche bezog.

Zerstörungen des Krieges

Seit Sommer 1943 hatte es in Darmstadt immer wieder Fliegeralarm gegeben. Den ersten größeren Angriff startete die Royal Air Force am 23. September 1943, der eigentlich den Bahnanlagen galt, aber hauptsächlich die Innenstadt traf. Es gab 149 Tote und 278 Verwundete sowie rund 5000 Obdachlose. Schon damals wurden erhebliche Teile der Altstadt um die „Insel", die Kaplanei- und die Hinkelsgasse zerstört. Und doch war es im Vergleich zu dem, was folgen sollte, ein überschaubarer Schaden. In diesem Jahr 1943 musste sich die Paulusgemeinde, wie fast alle Kirchengemeinden in Deutschland, von ihren Glocken trennen. Für Rüstungszwecke sollten sie eingeschmolzen werden. Bis auf die kleinste wurden die Glocken auf dem Kirchturm zerschnitten und abtransportiert.

Die wohl letzte veröffentlichte Aufnahme der Pauluskirche findet sich auf einer farbigen Mehrbild-Postkarte von Darmstadt, die dem Verfasser durch Zufall in die Hände kam. Ein gewisser Karl schrieb sie am 6. Juli 1944 an seine Mutter und seine Geschwister im Württembergischen. Die Karte gibt einen Einblick in sommerliches Alltagsleben in Kriegszeiten, zwei Monate vor dem Untergang Darmstadts:

„Liebe Mutter, Geschw., Norb.! Will Euch eben, wenn ich auch nicht viel Neues weiß, den gewohnten Sonntagsgruß schicken. Meinen Brief vom 29. Juni werdet Ihr erhalten haben und hoffentlich alle gesund sein. Bin begierig wie weit Ihr mit dem Heuet sein werdet, nachdem das Wetter derart launisch und übel ist und den Leuten, die fast niemand haben, noch mehr die mühselige Arbeit erschwert! – Hier ist gegenwärtig große Jagd nach Beeren, Kirschen etc., da man in den Geschäften so gut wie gar nichts bekommt – vielleicht fahren

Letzter Gruß vor der Katastrophe: Pauluskirche auf einer Mehrbild-Postkarte, die am 6. Juli 1944 aus Darmstadt verschickt wurde

wir am Sonntag auch mal fort, nach Gau-Odernheim, über Mainz hinaus. Seid nun wieder herzlich gegrüßt. Karl. Habt Ihr von Josef wieder Post bekommen?"

Vom gleichen fleißigen Briefschreiber ist eine weitere Ansichtskarte vom 31. August 1944 erhalten. Darin berichtet er von zunehmenden Fliegerangriffen im August, zuletzt mit 8.000 Obdachlosen und 100 Toten, auch in Griesheim, Eberstadt und Pfungstadt. Er stellt erneut drängend die Frage, ob Josef nicht geschrieben habe und schließt: „Gott beschütze ihn, Euch und uns!"

Die Brandnacht

Im Spätsommer 1944 war die Westfront mit den vorrückenden alliierten Truppen nur noch 150 Kilometer entfernt, und viele Darmstädter glaubten, dass nun nicht mehr viel passieren könne. Am 25. August 1944 erfolgte ein schwerer Bombenangriff auf Rüsselsheim und den Landkreis. Niemand ahnte, dass die Bombardierung eigentlich Darmstadt gegolten hatte und nur deshalb misslang, weil die Markierungsflugzeuge ausgefallen waren.

Am 11. September 1944 sah der Beobachtungsposten auf dem Hochzeitsturm eine Viertelstunde vor Mitternacht plötzlich über dem Exerzierplatz am Griesheimer Sand viele gestaffelte

Luftmine: Die „Villa Merck" war nur noch ein Schutthaufen

grüne Lichter: die gefürchteten „Christbäume". Das waren sehr langsam zu Boden gehende Leuchtbomben als Ziel-Markierung für die anfliegenden Bomberflotten, die im Radio bereits gemeldet worden waren.

Der Angriff dauerte 25 Minuten. Etwa 220 Bomber (die genaue Zahl ist nicht bekannt) warfen aus Höhen zwischen 4.000 und 5.500 Metern rund 230 Luftminen und Sprengbomben, sowie 286.000 Stabbrandbomben ab. Die Stadt verwandelte sich in eine Flammenhölle. Wer nicht schon in einem Schutzraum oder seinem Keller verschüttet oder von Trümmern erschlagen wurde, erstickte in dem noch stundenlang vom Phosphor genährten Feuersturm. Später wurde ermittelt, dass von 100 Todesopfern jener Nacht nur 15 unmittelbar durch Bomben, alle anderen durch Feuer, Rauch und Ersticken gestorben waren.[58]

Flammenhölle nach Mitternacht: die zerstörte Pauluskirche

Das prachtvolle Gebäude der Hessischen Landeshypothekenbank wurde in jener Nacht schwer beschädigt. Ob dort auch Menschenleben zu beklagen waren, ist nicht bekannt, aber wahrscheinlich. Dachgeschoss, zweiter und erster Stock brannten vollständig aus. Auf die „Villa Merck" fiel eine Luftmine und vernichtete sie völlig. Die Explosion war so stark, dass auch die Dächer von Pauluskirche, Pfarrhaus und Küsterhaus abgedeckt, das Gewölbe der Kirche durchschlagen, die Orgel zerstört, alle Fenster zertrümmert und die Türen zum Teil ausgebrochen wurden.[59]

Der Dachstuhl wurde zwar vollständig abgedeckt, blieb aber stehen: Bei seiner Konstruktion hatte man sich – revolutionär für die damalige Zeit, an den Bau-Prinzipien von Zeppelin-Gerüsten orientiert, die zugleich leicht und extrem belastungsfähig sein mussten.

Weite Teile des Tintenviertels wurden ebenfalls von Bomben getroffen und verwüstet. Aber das war nichts Besonderes im entsetzlich heimgesuchten Darmstadt.

59 Nach Rudolf Wintermann: Der Wiederaufbau der Pauluskirche nach 1945, in: Fünfzig Jahre Pauluskirche Darmstadt, S. 27

In der letzten Arbeitstagung seines NSDAP-Führerkorps am 19. März 1945 hielt der – in der Ohlystraße ebenfalls während der Brandnacht ausgebombte – NSDAP-Kreisleiter Dr. Schilling seine letzte Durchhalterede, aber für Darmstadt endete der Zweite Weltkrieg sechs Tage später mit der kampflosen Besetzung durch amerikanische Truppen. 78 Prozent der Innenstadt waren zerstört. 1939 hatten 115.221 Menschen in Darmstadt gelebt, 1945 waren es noch 54.687[60]. Zwischen 11.000 und 12.000 Menschen waren bei den Bombenangriffen gestorben, Tausende im Krieg gefallen, Zehntausende ins Umland ausquartiert. Drei Millionen Kubikmeter Schutt türmten sich in der Stadt.

Kataster der Verwüstung: Bestandsaufnahme des Stadtbauamtes im Tintenviertel nach dem Krieg

60 Zahlen nach: Deppert, Fritz: Wiederaufbau und neue Ziele, in: Franz, Eckhart G.: Darmstadts Geschichte; S. 483

7. Der Wiederaufbau

Kahlschlag im Tintenviertel

Die Darmstädter Nachkriegszeit begann unvorstellbar hart. Das galt auch für das Tintenviertel. Der Darmstädter Schriftsteller und Chronist Fritz Deppert, damals 13 Jahre alt, schreibt:

„Die verbliebenen gut 50 000 Darmstädter, in der Mehrzahl Frauen und Kinder, vegetieren freilich mehr, als dass sie leben. Sie hungern, sie frieren. Kaum eine Familie, die nicht Tote beklagt oder Familienmitglieder vermisst. Eine Existenz ohne Hoffnung auf Zukunft, im Angesicht totaler Niederlage und Zerstörung, bestimmt von Orientierungslosigkeit, Resignation und Lethargie. ... Sie existieren in Kellerlöchern, Gartenhütten oder in Zimmern mit gesprungenen Wänden und Rollglas in den Außenrahmen von einem Tag zum anderen und schreiben ein erschütterndes Adressbuch auf Ruinenteile, in dem sie mitteilen, wo sie jetzt zu finden sind, oder die Frage stellen, ob und wo die Frau, das Kind, die Eltern überlebt haben.“[61]

Eine Übersichtskarte des Stadtbauamtes aus der Nachkriegszeit zeigt die verheerenden Zerstörungen: Nur wenige schwarz markierte Gebäude blieben weitgehend unbeschädigt, die allermeisten waren Ruinen oder sogar dem Erdboden gleich gemacht. Je heller die Farbe, desto schwerer die Zerstörungen.

Links und rechts sind die in Nord-Süd-Richtung verlaufenden Martinstraße und Nieder-Ramstädter Straße zu erkennen, oben bildet die Begrenzung der Herdweg, unten die Jahnstraße. Der Paulusplatz liegt etwas links unterhalb der Mitte. Deutlich wird: Pauluskirche und Landeshypothekenbank sind Ruinen, halbwegs unzerstört lediglich das Pfarrhaus und das Küsterhaus der Pauluskirche, sowie einsam die „Pillenburg", einige Häuser in der Ohlystraße, Am Erlenberg, im Roquetteweg und in der östlichen Jahnstraße. Ansonsten: Kahlschlag.

---

61 a.a.O., S. 484

Die Pauluskirche

1946 begannen die ersten Arbeiten zum Wiederaufbau. Die Kirche wurde mit einem Notdach versehen. Den Aufbau leitete der Architekt Adolf Theis, die Aufsicht führte der landeskirchliche Baumeister Prof. Dr. Karl Gruber. Der Gottesdienst der Gemeinde fand einstweilen im Kindergarten statt und wurde dann bald in den vorläufig wieder hergerichteten Kirchsaal verlegt. Der Saal war einer der wenigen benutzbaren Räume der Stadt, deshalb tagte hier in den Jahren 1946/47 auch die Stadtverordnetenversammlung. Am 15. August 1948 wurde die Pauluskirche wieder eingeweiht.

Glocken vor dem Wiederaufbau

1955 beschloss man die Anschaffung eines neuen Geläuts. Die Glocken der Gießerei Bachert aus Kochendorf wurden am 18. September 1955 eingeweiht. 1957 fiel der Beschluss zur endgültigen Wiederherstellung der Pauluskirche. Die Bauleitung hatte der Architekt Fritz Soeder, Berater war wiederum Prof. Gruber. Chorraum, Altarkreuz, Taufstein und Fenster wurden von dem Stuttgarter Bildhauer Helmuth Uhrig gestaltet. Am 29. September 1957 wurde die Pauluskirche erneut in Gebrauch genommen. 1978 wurden die letzten Kriegsschäden an der Kirche, Pfarr- und Küsterhaus beseitigt, 1981 erhielt die Kirchturmuhr einen elektrischen Antrieb. Das Notdach der Kirche wurde erst 1991 durch originalgetreue Ziegel ersetzt.

Wiederaufbau der Pauluskirche

Die Landeshypothekenbank

Auch die Landeshypothekenbank wurde wieder aufgebaut. Die Brandkataster-Unterlagen verzeichnen einen Eintrag zum 1.1.1947 und einen Versicherungswert von 360.000 RM. Zum 1.1. 1952 wird dieser Wert − nunmehr in DM − mit 635.000 angegeben, zum 1.1. 1953 mit 710.000 DM.[62]

Man kann daraus schließen, dass es sich unmittelbar nach dem Krieg um eine provisorische Wiederherstellung handelte, der

---

62 HStA C6 393

dann in den Fünfzigern ein gründlicher Wiederaufbau folg-te. Unterlagen darüber sind nicht erhalten. Die 1944 ausge-bauten Glasfenster von Otto Linnemann, die vermutlich im untersten Kellergeschoss des Hauses gelagert worden waren, kamen wieder an ihren alten Platz. Ehemalige Mitarbeiter der Bank erinnern sich noch lebhaft daran. [63]

Die reichen Linnemann-Ausmalungen der Gänge im Erd-geschoss und im ersten Stock und der Sitzungsräume in der Direktionsetage, die nach der Darmstädter Brandnacht über Jahre durch Regen und Schmelzwasser weitgehend zerstört worden waren, wurden nicht wieder hergestellt.

Im Zuge der Wiederaufbauarbeiten wurden links und rechts an der Seite des zentralen Brunnens auf der Bastei zwei Aka-zien gepflanzt, die für fast 50 Jahre das Bild des Platzes prägen sollten. Heute lässt sich nicht mehr feststellen, wer den Auf-trag erteilte, denn Bäume hatten dort noch nie gestanden, und Akazien passten nun gar nicht zur Grundgestaltung des Platzes. Sie wurden 2011 in der Vorbereitung der Sanierungs-maßnahmen gefällt. Niemand vermisste sie.

Die Kirchenverwaltung

Seit November 1903 hatte das ehemalige Großherzogliche Oberkonsistorium der Großherzoglich-Hessischen Kirche sein Dienstgebäude in der Neckarstraße 12 gehabt.[64] Der Ein-gang lag in der Waldstraße, heute Adelungstraße. Auch die von den Nationalsozialisten seit 1934 erzwungene Evangelische Kirche von Nassau-Hessen behielt dort ihre Verwaltung.

In der Darmstädter Brandnacht 11./12. September 1944 wur-de das Haus wie tausende andere ein Raub der Flammen und völlig zerstört. Vier Menschen kamen dort ums Leben, sämtli-che Akten des Archivs wurden vernichtet.

---

63 Freundliche Mitteilung von Frau Ulrike Stein, HeLaBa Landesbank Hessen-Thüringen
64 Jaekel, a.a.O., S. 24

Am 19. September 1945 vereinigte die amerikanische Besatzungsmacht die zur US-Zone gehörenden Teile des ehemaligen Volksstaats Hessen und die Provinz Hessen-Nassau mit der „Proklamation Nr. 2" zu einer neuen politischen Einheit, dem Land „Groß-Hessen". Landeshauptstadt wurde Wiesbaden, das im Zweiten Weltkrieg durch Luftangriffe gezielt weitaus weniger zerstört worden war als Darmstadt, weil dort die amerikanische Militärkommandantur einziehen sollte. Für Darmstadt war der Verlust der Hauptstadtfunktion ein schwerer Schlag.

1945/46 wurde die Hessische Kirche von Groß-Zimmern aus verwaltet, denn dort gab es noch beheizbaren Wohnraum. Ab 1946 war man in verschiedenen Wohnhäusern im Darmstädter Roquetteweg untergebracht. Am 30. September 1947 beschloss ein Kirchentag der nach dem Krieg formell wieder selbständigen Kirchen von Hessen-Darmstadt, Nassau und Frankfurt in Friedberg, den erneuten Zusammenschluss zur „Evangelischen Kirche in Hessen und Nassau". Die Entscheidung, wo diese Kirche ihren zentralen Sitz haben sollte, wurde zunächst vertagt. Zur Wahl standen Darmstadt, Frankfurt oder Wiesbaden. Einstweilen wurde die Verwaltung dezentral in Darmstadt und Wiesbaden wahrgenommen, Sitzungen der Leitungsgremien fanden in der Nachkriegszeit ohnehin häufig an wechselnden Orten statt, je nachdem, wo intakte Räume, Verpflegung und im Winter auch Heizmaterial aufgetrieben werden konnten. So behalf man sich über Jahre in Wiesbaden, Frankfurt und Darmstadt mit Provisorien.

Im April 1950 war das Haus auf dem alten Kirchengelände in der Adelungstraße 38 soweit aufgebaut, dass man dorthin umziehen konnte. Der nassauische Teil der Verwaltung befand sich in Wiesbaden in der Emser Straße 3, der Frankfurter in der dortigen Niedenau 58. Erst im Mai 1951 rang sich die Kirchensynode zu dem Entschluss durch, Verwaltung und Leitung der EKHN auf Dauer zentral in Darmstadt anzusiedeln.

Aber davon hatte man noch kein geeignetes Gebäude, und die Suche danach gestaltete sich schwierig. Einfach selbst neu zu bauen, das ließ die Haushaltslage vorerst nicht zu, und bezahlbarer Büroraum war auch in den ersten Jahren des Wiederaufbaus knapp. Im Herbst 1951 wurden gegen heftigen internen Widerstand die Verwaltungen Wiesbaden und Darmstadt in der Darmstädter Adelungstraße zusammengelegt und für die Wiesbadener Angestellten ein täglicher Bus-Pendelverkehr eingerichtet. Formal residierte ab diesem Zeitpunkt auch das Frankfurter Evangelische Verwaltungsamt in Darmstadt, was aber praktisch keine Bedeutung hatte, weil die Frankfurter Gemeinden noch für Jahrzehnte alles daran setzten, ihre finanzielle und administrative Unabhängigkeit zu bewahren.

In der Kirchenverwaltung der EKHN gibt es die mündliche Überlieferung, erst ein Ultimatum des ersten EKHN-Kirchenpräsidenten Martin Niemöller gegenüber Ludwig Metzger, die EKHN werde notfalls nach Wiesbaden umziehen, wenn nicht endlich eine Lösung gefunden werde, habe Bewegung in Immobilienfrage gebracht. Das hat eine gewisse Plausibilität: Nachdem Darmstadt zu seinem großen Leidwesen schon nicht die Landeshauptstadt Hessens geworden war, spricht einiges dafür, dass man auf keinen Fall auch noch die letzte verbliebene Institution früherer Zentralgewalt verlieren wollte. Schriftliche Belege dafür waren bei keiner der beiden Seiten aufzufinden, aber es ist gut möglich, dass derlei Delikates zwischen Metzger und Niemöller auch nur mündlich verhandelt worden ist. Wie dem auch sei: Die Landeshypothekenbank, inzwischen Hessische Landesbank, erhielt ein neues Verwaltungsgebäude nahe dem Luisenplatz in der Rheinstraße. Und die verschiedenen Verwaltungsteile der Evangelischen Kirche in Hessen und Nassau zogen 1959 zusammen an den Paulusplatz.

Schon im Haushalt 1955 waren 500.000 DM für den Ankauf des Hauses vorgesehen worden. Im Dezember 1956 erteilte die Synode der Kirchenleitung mit dem Haushalt 1957 die Ermächtigung zum Kauf des Hauses, im Januar 1957 gab die Kirchenleitung grünes Licht für die Kaufverhandlungen. Am 19. Juli 1957 wurde der Kaufvertrag unterschrieben, die endgültige Übergabe für den 1. August 1959 vereinbart. Der Kaufpreis betrug 1.500.000 DM, als Anzahlung wurden

Als der Großherzog noch Kirchenchef war: Altes Oberkonsistorium und Synodalgebäude, um 1905

Vierzig Jahre später: Unbewohnbare Ruine

Tragende Rollen: Umzug der Kirchenverwaltung an den Paulusplatz im August 1959

500.000 DM geleistet, der Rest später in Jahresraten von 100.000 DM abbezahlt. Hinzu kamen noch Umbau- und Instandsetzungskosten von fast 600.000 DM, so für eine Erneuerung von Dach, Heizung, Elektrotechnik und Telefonanlage. Mit dem endgültigen Umzug wurden auch die regelmäßigen Bustransporte zwischen Wiesbaden und Darmstadt gestrichen – was zu heftigen, aber fruchtlosen Protesten der Betroffenen führte.[65]

Anfang August 1959 schließlich erfolgte der Umzug aller Verwaltungsteile und der Zentralbibliothek, immerhin noch von vier verschiedenen Adressen an den Paulusplatz. Das Haus war renoviert und die Linnemann-Fenster noch im Frühjahr des Jahres dem Hessischen Landesmuseum übereignet worden, wo sie seitdem ausgestellt sind. Zur Frage, warum dies geschah, gibt es in der Kirchenverwaltung eine ebenfalls nicht belegte, aber wiederum durchaus plausible mündliche Tradition: Kirchenpräsident Martin Niemöller habe die Fenster

---

65 Zentralarchiv der EKHN Best. 155 Nr. 92

auf keinen Fall an ihrem Ort belassen wollen, weil der Sinn-
spruch unter der mittleren allegorischen Figur – Gott Hermes – ihm für den Treppenaufgang einer Kirchenverwaltung
doch reichlich unpassend erschienen sei:

„Bringst du Gelt, so bist du fromb,
bringst du was, so bist du willkomm. "

Sollte die Überlieferung zutreffen, hätte Niemöller natürlich an
eine ironische Verwendung dieses Satzes in Bezug auf die Kir-
chensteuer gedacht. Spöttische optische Medien-Kommentare
zu diesem Thema blieben der EKHN aber auch so nicht er-
spart: Viele Jahre lang hat es der Autor als Leiter der Öffentlichkeitsarbeit erlebt, wie Fernsehbeiträge zum Thema Kirchen-
steuer genussvoll den Varnesi-Atlas mit dem Geldsäckel über
dem Eingang der Kirchenverwaltung ins Bild setzten.

Seinerzeit wohl auf pünktliche
Zahlungen der Hypotheken-
schuldner gemünzt: „Fromb"
stand für „wohlanständig"

Der Anbau der Kirchenverwaltung

Bereits in den frühen 70er Jahren hatte sich abgezeichnet,
dass das alte Gebäude der Landeshypothekenbank für stetig
wachsenden Aufgaben der Evangelischen Kirchenverwaltung
bald zu klein sein würde. Eine ganze Anzahl von Dienststellen
wurde im Laufe der Zeit in angemietete Räume ausgelagert,
um der Raumnot in der Zentrale zu begegnen: Das Amt für
Jugendarbeit mit dem Evangelischen Filmdienst, das Rech-
nungsprüfungsamt, die Bibliothek und das Archiv, das Amt für
Information und etliche andere.

Eine Erweiterung der Büroflächen wurde unausweichlich.
Schon erste Planungen stießen nach Bekanntwerden auf heftigen Widerstand bei den Anwohnern, die durch ein neues
Bürogebäude eine Beeinträchtigung ihrer Wohnsituation be-
fürchteten. Auch im entscheidenden Gremium, der Kirchensynode, lösten die Erweiterungspläne keineswegs besonderes
Wohlwollen aus, man könnte im Gegenteil auch sagen: aus-
geprägtes Misstrauen. Denn nach dem Selbstverständnis und
der Grundordnung der EKHN liegt das absolute Schwerge-
wicht kirchlicher Arbeit in den Gemeinden und nicht etwa

in einer wie auch immer fleißigen Zentrale. Teils offen, teils hinter vorgehaltener Hand wurde die Befürchtung geäußert, dass hier nach dem berühmten Parkinson'schen Gesetz eine Verwaltung mal wieder nach Selbstzementierung durch Expansion strebe.

Aber die gewachsenen Aufgaben und die Raumnot ließen sich nicht weg diskutieren. Allerdings gab es ein zähes Ringen um die Kosten. Manch heute ästhetisch fragwürdiges Detail in der Baugestaltung ist deshalb der Kostendeckelung geschuldet, etwa die sardinenbüchsenähnliche Blechverkleidung der Fassaden. Die roten Fensterrahmen waren der Geschmack des Zeitgeistes. Auch bei der Wärmedämmung wurde am Anfang kräftig gespart. Das führte an der Südseite und im obersten Geschoss an Sommertagen zu unerträglichen Wärmegraden. Schutzmaßnahmen mussten teuer nachgerüstet werden.

Ein besonderes bauliches Problem galt es im Anschluss an den Nordflügel des Altbaus zu lösen: Üppige Geschosshöhen von 3,80 m wie in der Landeshypothekenbank waren achtzig Jahre später undenkbar. Die Normhöhe von 2,50 m sollte keinesfalls überschritten werden. Das führte dazu, dass – für die Geschossflächenzahl erfreulich – auf drei Geschosse des Altbaus vier des Neubaus kamen. Es führte aber auch zu zahlreichen Halb-Absätzen bei den Treppen, einer extrem unübersichtlichen Beschilderung des Fahrstuhls zwischen Alt- und Neubau und der Tatsache, dass auch altgediente Mitarbeiter wie der Verfasser dieses Buches noch nach vielen Jahren beim ersten Anlauf prompt in der falschen Etage landeten.

Gegenüber dem Kellergeschoss des Altbaus hatte man im Hof des Gebäudes einen Versammlungsraum und eine Kantine vorgesehen. Beides hatte es im Bau der Landeshypothekenbank bisher nur als Notbehelf gegeben. Aber auch hier hatten die Sparkommissare das letzte Wort behalten. Was bis heute dazu führt, dass die Kantine bei dem nicht seltenen größerem Publikumsverkehr durch Besucher oder Schulungen hoffnungslos überlastet ist und größere repräsentative Veranstaltungen der Evangelischen Kirche nicht im eigenen Hause stattfinden können.

Die Schreiter-Fenster

Seit dem Einzug der Kirchenverwaltung im August 1959 waren die drei großen Fenster im zentralen Treppenhaus des Altbaus im 50er-Jahre-Stil mit leicht gelblich getöntem Milchglas verglast gewesen. Anfang der 90er Jahre erhielt der prominente Langener Glaskünstler Johannes Schreiter von der Kirchenverwaltung den Auftrag, hier endlich einen zeitgemäßen Ersatz für die dem Hessischen Landesmuseum übereigneten Linnemann-Fenster zu schaffen.

Zu dem Künstler hatte die EKHN seit Langem gute Beziehungen. Etliche Kirchen im EKHN-Gebiet besaßen Schreiter-Fenster. In den 70er Jahren hatte Schreiter ein großartiges Konzept für die Neuverglasung der Heilig-Geist-Kirche in Heidelberg vorgelegt, die einst auf ihrer Empore die Universitätsbibliothek beherbergte. Schreiter plante, in den Fenstern des Kirchenraums spektakulär die modernen Wissenschaften darzustellen und im Chorraum biblische Texte in hebräischer und griechischer Schrift. Das Projekt scheiterte nach einer langen Hängepartie an der Kleinmütigkeit des dortigen Kirchenvorstandes. Immerhin das Medizin-Fenster aber wurde im Auftrag der EKHN gebaut und auf dem Kirchentag 1975 in Frankfurt öffentlich präsentiert. Insofern hatte man gute Beziehungen zueinander.

Am 9. Juli 1993 wurden die Fenster eingeweiht. Schreiter hatte in seinem typischen, formal eher minimalistischen Stil eine Grundkonstante von Verwaltung listig aufgenommen, das schematische Vorhandensein von Kästchen in Grautönen, aber höchst sinnreiche Brechungen angebracht. Der Heidelberger Religions- und Missionswissenschaftler Theo Sundermeier interpretierte die Fenster in seiner Festrede bei der Einweihung so:

Listige Brechungen des Kästchendenkens durch Leben und Glauben: Schreiter-Fenster für die Kirchenverwaltung

„*Kirchenfenster waren nicht angesagt, aber Verwaltungs-, Ordnungsfenster sollten es auch nicht sein. Die christliche Botschaft sollte nicht aggressiv, sondern eher implizit zur Sprache kommen. ... Den Schlüssel zum Verständnis gibt das weiße Quadrat, das Schreiter*

selbst als Symbol des Lichtes Gottes interpretiert hat: Gott ist Licht und in ihm ist keine Finsternis (1. Joh. 1,5) … Die Grenzen zwischen uns und Gott sind streng gezogen. Manchmal aber geschieht das Tröstliche, dass Gott selbst die Grenzen durchbricht und sich uns kundtut. Dann dringt sein Licht in das Grau unseres Lebens, in das Grau der Arbeit, in das Grau der Büros. [66]

Juden und Christen, das alte, leidvolle Thema: Die Tumarkin-Stelen am Paulusplatz

Die Tumarkin-Stelen

„Bindung und Kreuzigung" ist der Titel einer hoch aufragender Doppelstele aus rostrotem Gusseisen auf dem südlichen Teil des Paulusplatzes, die der israelische Künstler Igael Tumarkin geschaffen hat. Durch Vermittlung des früheren Studienleiters der Evangelischen Akademie Arnoldshain und späteren Frankfurter Dekans Dr. Dietrich Neuhaus kam sie im Jahre 1993 aus Israel an ihren heutigen Standort.

Tumarkin, 1933 in Dresden unter dem Namen Peter Martin Gregor Heinrich Hellberg geboren, wanderte im Alter von zwei Jahren mit seiner Mutter nach Israel aus, studierte später Bildhauerei und arbeitete von 1955 bis 1957 als Bühnenbildner-Assistent am Berliner Ensemble. Tumarkins meist großformatige Werke sind heute in vielen großen Museen ausgestellt, etwa im Museum of Modern Art in Haifa, der National Gallery of Modern Art in Rom, im Wallraf-Richartz-Museum in Köln oder im Museum of Modern Art in New York.

„Bindung und Kreuzigung" behandelt das uralte Thema des Verhältnisses von Judentum und Christentum. Die rechte Stele, „Bindung" erinnert an eine der Ur-Geschichten des Volkes Israel: Gott will den Gehorsam Abrahams prüfen und befiehlt ihm, seinen Sohn Isaak zu fesseln und als Brandopfer zu töten. Abraham gehorcht unter Qualen. Erst in der letzten Sekunde beendet Gott die grausame Prüfung. Isaak überlebt. Die linke Stele „Kreuzigung" – nicht weniger grausam –

66 Sundermaier, Theo: Meditationen zu den Treppenhausfenstern von Johannes Schreiter; in: Thome u. Scholz-Curtius (Hrsg.) : Lichteinfall - Zeitgenössische Kunst in der Kirche. Beispiele aus der Evangelischen Kirche in Hessen und Nassau.

IGAEL TUMARKIN, TEL AVIV, geboren 1933
"BINDUNG UND KREUZIGUNG", 1990 – 1992

Die beiden Stelen bringen anhand der Erzählungen
von Isaaks Opferung und Jesu Kreuzigung zum
Ausdruck: Zur Grunderfahrung des jüdischen wie
des christlichen Glaubens gehört das Erschrecken
vor dem lebendigen Gott.

erinnert an ein Opfer, das viel später tatsächlich vollzogen wurde: die Kreuzigung Jesu auf Golgatha. Die Begegnung der ersten Christen mit dem vom Tod wiederauferstandenen Christus war die Geburtsstunde der christlichen Kirchen. Sie aber kommt in dieser Doppelstele nicht vor. Beide Geschichten stehen gleichwertig nebeneinander. Keiner Seite ist es gestattet, über die andere zu triumphieren. Aber beide führen den Betrachter auch an den Rand des Lebens, als Bruchstücke einer Begegnung zwischen Mensch und Gott, die schrecklich sein kann.

Der Paulusplatz verfällt

Ansichtskarten vom Paulusplatz gab es nach dem Krieg nur noch selten, und wenn, dann zeigten sie allenfalls die wiederhergestellte Pauluskirche. Auf der anderen Seite des Platzes waren große Teile der einst schmückenden, aber durch Bomben und auch Vandalismus nach dem Krieg geschädigten und zerstörten Balustraden wohl erst Ende der fünfziger Jahre durch Ziegelmauerwerk ersetzt worden. Der Zement-Verputz war freilich, wie auf der ganzen Balustrade, falsch gewählt, ließ das immer wieder feuchte Mauerwerk nicht atmen und bröckelte später in großen Placken ab.

Innen hatte das einst repräsentative und opulent ausgestatte-
te Gebäude der Landeshypothekenbank den ästhetisch stark
reduzierten Charme einer evangelischen Nachkriegs-Kir-
chenverwaltung angenommen. Musterhaft protestantisch-
bürgerlich vermied man dort sorgfältig jede öffentliche Auf-
fälligkeit. Das machte Haus und Eigentümer natürlich extrem
ungeeignet als Gegenstand lokalpatriotischen Stolzes wie am
Anfang des 20. Jahrhunderts. Offenbar hatte aber auch die
Stadt Darmstadt relativ rasch jedes Interesse an Platz, Immo-
bilie und deren Besitzern verloren: Bis in die neunziger Jahre
hinein gab es im Darmstädter Schilderwald keinen einzigen
Hinweis auf den Paulusplatz oder den Sitz der größten hessischen Evangelischen Kirche.

Die kleine Parkanlage um das große Becken wurde noch
bis in die frühen siebziger Jahre vom Grünflächenamt der
Stadt entsprechend der ursprünglichen Planung gepflegt.
Aber irgendwann verschwand nicht nur der südliche Parallelweg am Becken, sondern auch die üppigen Blumenrabatten, die fünfzig Jahre lang das Becken eingerahmt
hatten, vermutlich aus Kostengründen. Übrig blieben einige Beete zwischen den Bänken vor dem Gebüsch an der
Mauer zur Ohlystraße.

*Die ärgsten Schäden sind
behoben: Luftaufnahme des
Paulusplatzes von 1961*

123

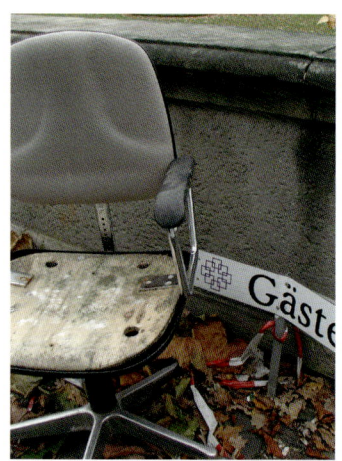

Gäste, nein danke!: Scherz-Schnappschuss am Rande der Sanierung der Kirchenverwaltung

Der Ausschnitt einer Luftaufnahme des Stadtarchivs Darmstadt von 1961 zeigt, dass zu dieser Zeit der Parallelweg am Wasserbecken existierte, es die Rabatten noch gab, offenbar gerade Instandsetzungsarbeiten an der großen Treppenanlage stattfanden, das Becken im Park noch mit Wasser gefüllt war und dieses schon damals eine, vor dem Krieg nicht vorhandene, kleine Springbrunnenanlage enthielt.

Das Becken mit Wasser zu füllen, war freilich bald nicht mehr möglich. Das Wasser versickerte, weil die Randsteine, von Anfang an nicht mit ausreichendem Betonfundament versehen, sich gesenkt hatten und immer neue Risse in der Abdichtung entstehen ließen. Alle Versuche, diesen Mangel oberflächlich zu beheben, scheiterten. Für eine aufwändige neue Gründung der Randsteine gab es kein Geld.

Auch der zentrale Brunnen auf der Bastei und der Triton-Brunnen in der Wittmannstraße versiegten. Letzterer war ohnehin immer nur ein Überlauf für den Brunnen vor dem Haupteingang gewesen. Die Sanierung der Anlage ab 2011 offenbarte den katastrophal durchgerosteten Zustand der Eisenguss-Rohre, die dorthin geführt hatten. Das gleiche Schicksal hatte Leitungen und Pumpe im zentralen Brunnenschacht auf der Bastion ereilt. Von den acht Wasserspeiern in der von der zierlichen Frauenfigur gekrönten Säule versahen um 1990 nur noch vier ihren Dienst, dann versiegten auch diese.

In heißen Sommern mutierten die pflegeleichten, aber selten gemähten und so gut wie nie gewässerten Rasenflächen zu einer Art Savanne. Irgendwann prangten die ersten hässlichen Graffitis auf dem bröckelnden und von Jahrzehnte alten schmutzigen Regennasen gemaserten Nachkriegs-Zementputz, der mit immer größeren Löchern zeigte, dass auch die Zersetzung der Ziegelmauern voranschritt. Risse und Abbrüche in Treppenstufen blieben sich selbst überlassen und allenfalls bei unübersehbarer Gefahr für die Verkehrssicherheit notdürftig geflickt.

*Dreckig, fleckig, bröselig:
Der Zementputz der
Restaurierung nach dem Krieg
bröckelt seit vielen Jahren*

*Klaffende Wunden in
der Süd-Bastion: Die
Feuchtigkeit hat sich durch
die Ziegelmauern gefressen*

*Lücken, Abbrüche, Fehlstellen:
Die Freitreppen der Baswtion
sind kaum mehr verkehrssicher*

Interessanterweise wurde der langsame Verfall des Kleinods in der Mitte des Tintenviertels über viele Jahre von niemandem öffentlich dokumentiert oder ernsthaft zum Thema gemacht. Man nahm die Sache einfach hin, auch von Seiten der Paulusgemeinde und der Kirchenverwaltung. Einzelne, besorgte Anfragen wurden in diesen Jahren von stadtamtlicher Seite schon gerne einmal mit der spitzen Rückfrage kommentiert, ob bei der (seit Jahrzehnten) angespannten Kassenlage der Stadt eigentlich der abgelegene Paulusplatz mit Kirche und Kirchenverwaltung, oder nicht doch Kindergärten und Schulen wichtiger seien, und ob man ernsthaft darüber eine öffentliche Diskussion anzetteln wolle. Dabei blieb es.

Sanierung contra Sanierungsfall: 2010 bot die gesamte Bastion ein Bild des Jammers

8. Nach einhundert Jahren

Die Diagnose

„Kein anderes Darmstädter Baudenkmal", schrieb Klaus Honold am 12. Mai 2007 im Darmstäter Echo, „ist derart herunter gekommen wie die Terrasse des Paulusplatzes. Verrottet, grau, graffitibeschmiert und schmutzig präsentieren sich die intakten Flächen. … Überall bleckt das bloße Mauerwerk hervor. Der lauschig unter Kastanien verborgene Brunnen an der Wittmannstraße ist nur noch grauenvolle Ruine." Und bissig fragte die Unterzeile eines erschreckenden Fotos dieses Brunnens: „Alles DDR oder was?" „Ein Schmuckstück zerbröselt" hatte Honold seinen Artikel anklagend überschrieben.

Fünf Jahre zuvor hatte die Evangelische Kirche ihr Dienstgebäude, unter dem Druck von massiven Sicherheits- und Brandschutzproblemen in enger Abstimmung mit dem Denkmalschutz bereits für rund 20 Millionen Euro sanieren müssen. Teilweise hatten noch uralte Elektrokabel in den Wänden gesteckt – riesige Gefahrenquelle im Zeitalter stromfressender Computer. Auch Wärmedämmung, Heizung, Sanitärausstattung und die Raumaufteilung mussten dringend optimiert werden. Für ein Jahr waren Teile der Verwaltung in angemietete Räume auf dem Gelände der Firma Schenck ausquartiert worden.

Die im Jahre 2003 abgeschlossene Sanierung des Hauses wurde allgemein als vorbildlich betrachtet und von der Architekten- und Stadtplanerkammer Hessen (AKH) als besonders gelungenes Beispiel für die Sanierung eines denkmalgeschützen Altbaus ausgezeichnet. Aber der kirchliche Besitz endete zum Paulusplatz hin an Hauswand bzw. an der untersten Stufe der Freitreppe. Die Terrasse mit ihrem buckeligen Kopfstein pflaster, die verschmierten Mauern und Balustraden-Reste, die versiegten drei Brunnen und der längst pflegeleicht reduzierte kleine Park – all das gehörte der Stadt Darmstadt.

Die Sanierung des alten Gebäudes der Landeshypothekenbank erforderte tiefe Eingriffe

Die Sanierung des Hauses ließ nun den Unterschied zwischen sorgsamer Unterhaltung und gleichgültigem Verfall nur umso krasser hervor treten.

Immer wieder waren öffentlich Forderungen laut geworden, die Evangelische Kirche möge sich an der Sanierung dieser Anlagen beteiligen, wenn doch ihre Verwaltung wesentliche Nutznießerin der bevorzugten Lage am Paulusplatz sei. Der Kirche waren solche Forderungen nicht unbekannt, denn häufig wurde sie auch anderswo mit entsprechenden Erwartungen von Kommunen konfrontiert, deren eigentliche Pflichten, etwa bei der Sanierung von Kirchen-Vorplätzen zu übernehmen. Auch Kirchengemeinden waren schon mit der Bitte um Unterstützung in solchen Fällen vorstellig geworden. Aus guten Gründen scheute man sich deshalb, ausgerechnet am Sitz von Kirchenleitung und Kirchenverwaltung am Paulusplatz einen Präzedenzfall zu schaffen.

Der Artikel von Klaus Honold brachte das Problem neu und dringlich auf die Tagesordnung. Der Pfarrer der Paulusgemeinde, Wolfram Jäger und der Verfasser dieses Buches, damals Leiter der Öffentlichkeitsarbeit der Evangelischen Kirche in Hessen und Nassau, hatten beide von ihren Dienstzimmern

aus den Verfall des Paulusplatzes seit Jahren beobachten können. Sie waren sich rasch einig, dass es höchste Zeit sei, zu
handeln.

Im August 2007 machten sie sich an die ersten Planungen:
Wenn die Stadt sich finanziell außer Stande sah, mit dem Baudenkmal Paulusplatz auch nur halbwegs angemessen umzu-
gehen, und wenn der Kirche aus guten Gründen die Hände
gebunden waren, dann musste eine dritte Größe geschaffen
werden: Organisiertes, bürgerschaftliches und weder von einer politischen Partei, noch von der Kirche dominiertes Engagement zur Sammlung von Spenden für die Sanierung des
Paulusplatzes.

Am 5. November 2007 gab es eine erste Sitzung Interessierter
im Gemeinderaum der Pauluskirche, an der außer den beiden
Genannten sechs weitere Personen aus Paulusviertel und Kirche teilnahmen. Man beschloss, einen gemeinnützigen Verein
zu gründen, der die die Stadt bei der Sanierung des Paulusplatzes unterstützen sollte. Voller Optimismus dachte man bereits an eine Sanierung im Jahre 2009 – das wäre passend zum
Jubiläum „50 Jahre Kirchenverwaltung am Paulusplatz" gewesen. Dies erwies sich später als viel zu optimistisch.

Erkennungszeichen: Ranke der Brunnen-Nymphe: Das Logo der 2008 gegründeten „Initiative Paulusplatz"

Kleiner Baustein: Für 10 Euro gab es einen Miniatur-Paulusplatz-Ziegel

Stimmung für den Paulusplatz: Der Rheinhessenwein aus kirchlichen Lagen fand viele Liebhaber

Fast ein Jahr und zahlreiche Sitzungen später wurde schließlich die „Initiative Paulusplatz" gegründet. Den Vorstands-Vorsitz übernahm der frühere Darmstädter Baudezernent Dr. Wolfgang Rösch, Stellvertreter wurde zunächst Prof. Dieter Blechschmidt (ab 2010 Peter Mayer), Schatzmeister Dr. Wolfgang Russow, Schriftführerin Dr. Traute Endemann, Professor Klaus North, Peter Schmitz, damals Referat Innere Dienste der Kirchenverwaltung (ab 2011: Sebastian Parker), sowie für die Paulusgemeinde Pfarrer Wolfram Jäger (ab 2012: Dr. Manfred Schalk) und der Verfasser waren Beisitzer.

Die Spendensammlung

Ein Vorteil dieser Konstruktion lag in der Tatsache, dass bestimmte Sachkosten für die Arbeit des Vereins einfach von der Kirchenverwaltung übernommen werden konnten, etwa bei der Produktion, dem Druck und dem Versand von Werbematerial. Der Seeheimer Grafiker Raphael Schreiner entwickelte aus dem Siegeskranz der kleinen Brunnenfigur auf der Bastion ein eindrückliches Logo für die Initiative und zeichnete auch später für die Grafik aller folgenden Veröffentlichungen verantwortlich. „Stopp dem Verfall!" lautete der Slogan eines ersten, im Herbst 2008 veröffentlichten Faltblatts mit beklemmenden Bildern vom maroden Zustand, der Bauwerke.

Obwohl sich zu dieser Zeit die Anerkennung der Gemeinnützigkeit des Vereins durch die zuständigen Behörden über ein Jahr lang hinzog und so lange keine Spendenbescheinigungen ausgestellt werden konnten, gingen schon bald erste Spenden auf dem Konto der Initiative ein. Zahlreiche weitere Aktionen folgten: Es gab Kalender mit historischen Aufnahmen des Tintenviertels, Miniatur-Aufbau-Ziegel mit dem Logo der Initiative als Briefbeschwerer, Paulusplatz-Wein und vieles andere. Die EKHN machte im September 2009 ihren Tag der Offenen Tür aus Anlass des 50. Jahrestages ihres Einzugs am Paulusplatz zu einer großen Benefiz-Veranstaltung zugunsten der Initiative. Die Paulusgemeinde schloss sich mit ihrem Gemeindefest an.

Optischer Aufschrei im Juli 2010

Zahlreiche private Spender, aber auch Firmen und Banken folgten den Spendenaufrufen. Aber immer noch ließ sich die von einem riesigen Schuldenberg gedrückte Stadt keine konkrete Aussage entlocken, wann man tatsächlich in die Sanierung des Paulusplatzes einsteigen könne. Ein Kostenvoranschlag für einen ersten Bauabschnitt belief sich auf rund 350.000 Euro. Allen Beteiligten war freilich schon damals klar, dass es am Ende deutlich höhere Kosten geben werde. Im Juli 2010 schließlich ließ die Initiative Paulusplatz – mehr als 100.000 Euro hatten Darmstädter Bürger bereits gespendet – ein großes Transparent an der Bastion anbringen: Denkmal braucht Hilfe!

Es war wie ein öffentlicher Aufschrei nach drei Jahren unermüdlichen Spendensammelns angesichts des immer weiter verfallenden und durch Grafitti verschandelten Bauwerks und des immer weiter verkommenden Parks. Der Grafiker Raphael Schreiner hatte in mühseliger Kleinarbeit den Anblick der schwer beschädigten Bastionsmauern retuschiert und eine Vision der künftigen Wiederherstellung, endlich wieder mit vollständigen Balustraden, geschaffen. Ob das den Ausschlag gab, ist im Nachhinein schwer zu beurteilen. Jedenfalls kam rasch Bewegung in die Sache, zumal auch der Hessische Denkmalschutz und die Deutsche Stiftung Denkmalschutz Unterstützung zusagten. Im Spätsommer 2010 signalisierte die Stadt, dass es im kommenden Jahr losgehen könne.

„Geben und Empfangen": Der Name der exklusiven Bronze-Plastik zur Unterstützung der Paulusplatz-Sanierung passt in jeder Hinsicht.

Der erste Bauabschnitt

Noch wusste niemand, was sich hinter den maroden Stütz-
mauern und unter den bröckelnden Treppenstufen verber-
gen würde. Klar war nur, dass der jahrzehntelange Druck
parkender Autos vor dem Gebäude der Kirchenverwaltung
die Ziegelmauern der Bastion einer Belastung ausgesetzt
hatte, für die sie nie gedacht gewesen waren. Im Jahre 1908
konnte man den Autoverkehr auch vor einer Bank schließlich noch guten Gewissens vernachlässigen. Messungen hatten aber eine inzwischen nicht unbeträchtliche Wölbung
der Bastion-Mauern nach außen ergeben, die es jetzt abzu-
fangen galt.

Ansonsten herrschte Ungewissheit: Wie hatten die Ziegel
hundert Jahre eindringender Feuchtigkeit überstanden? Wie
würde der Stein der verbliebenen Balustraden, ihrer Abde-
ckungen und der Figuren auf Bearbeitung und Sanierungs-
versuche reagieren? Was würde an vielleicht irreparablen
Schäden zutage treten, wenn die von den Wurzeln der beiden mächtigen Kastanien aus den Angeln gehobenen Fundamente des Triton-Brunnens in der Wittmannstraße beiseite
geräumt wären?

*„Viererbande" für den guten
Zweck: Von links nach rechts:
Dr. Wolfgang Rösch, Dieter Wenzel,
Jürgen Rittmannsperger und der
Verfasser am 27. Mai 2011*

Am 27. Mai 2011 gab der Baudezernent der Stadt Darmstadt den Beginn der Bauarbeiten bei einer Pressekonferenz in der Kirchenverwaltung offiziell bekannt. In der ersten Juniwoche 2011 begann ein Bagger das Pflaster auf der Bastion aufzureißen. Es ging wirklich und wahrhaftig los. Für die Mitarbeiterinnen und Mitarbeiter der Kirchenverwaltung begann ein Jahr mit viel Krach und Lärm am Arbeitsplatz, zumindest, wenn dieser im Altbau der Kirchenverwaltung zum Paulusplatz hin lag.

Zunächst galt es, die vorhandenen Steinteile mit Wasserdruck und Sandstrahl sorgfältig zu säubern und abzubauen. Gleichzeitig wurden die Rückwände der Ziegelmauern der Bastion freigelegt, um sie gegen künftige Feuchtigkeit zu isolieren und Sicherungen für die Belastungen durch parkende Autos einzubauen. Im Juli 2011 wurde der Hessen-Löwe auf der Säule oberhalb des Triton-Brunnens eingerüstet und sorgfältig abgebaut. Abgesehen davon, dass der Löwe selbst am Hinterteil beschädigt und sanierungsbedürftig war: Wenn die Säule stehen geblieben wäre, wäre die Gefahr eines Unfalls bei den kommenden aufwändigen Arbeiten an dem darunter liegenden Triton-Brunnen einfach zu groß gewesen. Vergnügt titelte das Darmstädter Echo am 12. Juli 2011: „Flieg, Löwe, flieg!"

Alle Steinteile wurden unterhalb der Bastion gruppenweise gelagert. Mit schwerem Gerät begannen die Steinmetze und Bauarbeiter noch im Juli, den Triton-Brunnen und die Stufen der zentralen Treppenanlage abzubauen. Das erwies sich als schwieriger als gedacht und dauerte im Falle des Triton-Brunnens bis Mitte August 2011. Baumwurzeln der Kastanien, dick wie ein Abwasserrohr, traten zutage und mussten wohl oder übel abgeschnitten werden. Kein Wunder, dass die zentnerschweren Fundamente des Brunnens ihnen nicht gewachsen gewesen waren. Ob das Paul Meissner und die anderen Planer des Paulusplatzes bedacht hatten, als sie die zierlichen, heute noch auf alten Postkarten sichtbaren Kastanien-Stämmchen einpflanzen ließen?

Noch schlimmer war, was unter den breit ausladenden, zentralen Treppenstufen der Bastion zutage trat: Das tragende Ziegelmauerwerk war, wohl auch durch hundert Jahre un-

Tiefschürfend: Die komplette Bastionswand muss von hinten aufgegraben werden, um sie gegen künftige Feuchtigkeit schützen zu können

Mit Sandstrahlgebläsen und Heißdampf rücken Fachleute dem hundert Jahre alten Dreck zu Leibe

133

Fluglöwe: Was vor 100 Jahren mit Flaschenzügen Tage dauerte, schafft ein moderner Schwerlastkran in wenigen Minuten

Zwischenlager: Alle abgebauten Teile werden sorgfältig katalogisiert

gebremster Feuchtigkeit, in Auflösung begriffen und taugte keinesfalls mehr für einen soliden Unterbau. Es galt, dort einen minutiös nach der ursprünglichen Planung konstruierten Beton-Sockel neu aufzusetzen. Allein die präzise Herstellung der notwendigen Holz-Schalung dauerte bis weit in den September hinein und erforderte rund 250 Arbeitsstunden. Das waren Kosten und Zeit, die vorher niemand hatte berechnen können. Mit dieser und unendlich viel anderer Detailarbeit ging der Sommer 2012 ins Land, der Herbst kam, und es war längst klar, dass der erste Bauabschnitt in diesem Jahr nicht mehr würde fertiggestellt werden können, und dass mehr Geld benötigt werden würde als veranschlagt.

Steinmetze und Bauarbeiter waren hoch motiviert und arbeiteten äußerst präzise. Der bauleitende Architekt Daniele De Tina vom Büro Rittmannsperger war praktisch täglich auf der Baustelle. Die Innen-Isolierung der Bastionsmauern wurde fertiggestellt, die neuen Wasser- und Steuerungsleitungen für die künftige Brunnenanlage gelegt und die rückwärtigen Verankerungen gegen den Druck der dort parkenden Autos eingezogen. Im August wurden die tonnenschweren Blöcke des Triton-Brunnenbeckens entfernt und das tiefgehende Ziegelfundament des Brunnens abgebrochen, das dem Druck der Kastanienwurzeln nicht standgehalten hatte. Innerhalb der Bastion waren die Arbeiten Ende August abgeschlossen. Der Boden konnte wieder aufgefüllt werden.

Im September wurden die neuen Beton-Fundamente der großen Freitreppe gegossen, Verbindungsgräben für Leitungen zwischen den drei Paulusplatz-Brunnen ausgehoben und im Oktober wenige Meter östlich des Triton-Brunnens eine Zisterne in den Boden eingelassen, die künftig die Versorgung des neu konstruierten Wasserkreislaufs übernehmen sollte: Nur die Menge des verdunsteten Wassers wird dort in Zukunft nachgespeist werden. Im November erhielt der Parkplatz auf der Bastion sein altes Kopfsteinpflaster zurück. Die Baustelle wurde winterfest gemacht und wartete mit klaffenden Ziegelmauer-Wunden an der Freitreppe und der Südbastion auf das nächste Frühjahr.

Katakomben: Brunnenstube und Lager der Freitreppe brachten unliebsame Überraschungen

Das Fundament der Freitreppe musste nach aufwändiger Verschalungsarbeit aus Beton neu gegossen werden

Kunst hilft Denkmal: Prof. Thomas Duttenhoefer schuf 2011 eine Bronze-Plastik „Geben und empfangen", die von der „Initiative Paulusplatz" gegen jeweils eine Spende von 750 Euro verschenkt wurde. Interesse und Spendeneingang waren überwältigend

*Millimetersache: Das Zusammen-
fügen der restaurierten Teile war für
die Steinmetze Knochenarbeit*

*Mehr als 50 neu gefertigte
Baluster gaben der Bastion nach
Jahrzehnten des Ziegelmauer-
Provisoriums wieder ihre alte
Schönheit zurück*

*Putzig: Die Außenhaut
historischer Gemäuer ist eine
Sache für Spezialisten*

Erst Mitte April 2012 ließen die Außentemperaturen eine Fortsetzung der Arbeiten zu. Die Steinmetze rückten wieder an. Das Fundament des Triton-Brunnens wurde neu gelegt, eine dicke Boden-Betonplatte gegossen und eine Wurzelsperre gegen künftiges Unbill eingebaut. Zahlreiche neue Bauteile als Ersatz für beschädigte Treppen- und Balustradenteile wurden angeliefert. Der Wiederaufbau begann mit dem Triton-Brunnen und setzte sich dann nach oben bis zur Säule mit dem Hessen-Löwen fort. Wahre Künstler unter den Steinmetzen bildeten einzelne Werkstücke anhand der beschädigten Vorbilder freihändig, aber unglaublich präzise mit feinem Presslufthammer nach.

Proktologischer Eingriff: Kunstvoll erneuerten die Steinmetze das zerschossene Gesäß des Hessen-Löwen

Stück für Stück wurde die große Freitreppe auf ihr neues Betonfundament aufgesetzt. Das zerschossene Hinterteil des Hessen-Löwen, der immer noch am Boden auf seine Instandsetzung wartete, wurde sorgfältig ausgefräst, ein Block gleicher Steinqualität eingesetzt und angepasst. Am 26. Juni 2012 hob ein großer Lastenkran den alten, erneuerten Hessen-Löwen endlich wieder an seinen angestammten Platz.

Schon Mitte Juni waren die Ziegelmauern, die nach dem Krieg die zerstörten Balustraden ersetzt hatten, eingerissen worden. Nun begann endlich die Wiederherstellung der repräsentativen Säulenreihen. Rund 150 Baluster und zahlreiche Deckplatten waren im Winter nach dem Vorbild der alten Originale neu aus dem gleichen Sandstein geschnitten worden – im Zeitalter computergesteuerter Sägen freilich mit wesentlich geringerem Aufwand als vor hundert Jahren.

Letzte Reinigungsarbeiten

Unendlich viel filigrane und Zeit fressende Präzisions- und Anpassungsarbeit hatten die Steinmetze in jenen Sommerwochen zu leisten. Nicht alle neuen Werkstücke waren vorgefertigt angeliefert worden. Vieles wurde auch vor Ort aus Steinblöcken oder –platten zugeschnitten und aneinander gefügt. Fugen mussten abgedichtet und Oberflächen angepasst werden.

Es galt ein straffer Zeitplan, denn für den 1. September war das Abschlussfest für den ersten Bauabschnitt, verbunden mit einem Tag der Offenen Tür der Kirchenverwaltung festgelegt worden. Endlich wurde der alte schmutzig-graue Zementputz abgeschlagen, das Ziegelmauerwerk vollkommen frei gelegt. Dann kamen die Verputzer. Ende Juli wurde ein heller, diffusionsoffener Mineralputz aufgebracht, der es dem Mauerwerk ermöglichen sollte, aufgestaute Feuchtigkeit nach außen abzugeben. Aber es brauchte einige Versuche bis in den August hinein, um die richtige Mischung zu finden. Aufräumen der Baustelle, Einsäen neuen Rasens, Inbetriebnahme der Brunnentechnik standen in den letzten 14 Tagen an. Es war ein Wettlauf mit der Zeit, und er wurde gewonnen.

Am Tag vor dem großen Einweihungsfest gab es noch eine kleine Panne: Die Brunnen-Techniker hatten bei einem Probelauf irrtümlich das große Becken im Park voll Wasser laufen lassen. Das versickerte zwar innerhalb einer halben Stunde wieder, ergab aber durch seine spiegelnde Oberfläche ein fast visionäres Bild vom künftigen, ganz und gar wiederhergestellten Paulusplatz.

Keine Fata Morgana, aber auch noch lange nicht ganze Wirklichkeit

Zu guter Letzt

Wenn dieses Buch erscheint, werden die Arbeiten des zweiten Bauabschnittes am Paulusplatz noch lange nicht abgeschlossen sein. Aber es geht weiter. Das Große Becken wird irgendwann wieder dauerhaft gefüllt sein, die Brunnen werden sprudeln, im Park werden die alten Blumenrabatten am Wasser wieder entstehen. Die Stadt Darmstadt hat dies zugesichert.

Die „Initiative Paulusplatz" hat es sich bei ihrer Gründung in die Satzung geschrieben, dass die Wiederherstellung der alten Mitte des Tintenviertels ihr Daseinszweck sei. Dabei wird es bleiben. Wenn die Arbeit getan ist, wird der Verein sich auflösen. Mit viel persönlichem und finanziellem Engagement von Vorstand und Mitgliedern und gemeinsam mit der Stadt Darmstadt haben wir den Kraftakt geschafft, den Paulusplatz nach Jahrzehnten aus seinem Dornröschenschlaf zu wecken. Mehr als 300.000 Euro haben wir dafür gesammelt. Darauf sind wir ein wenig stolz.

Ob es auf Dauer gelingen wird, dem Paulusplatz einen neuen öffentlichen Stellenwert zu verschaffen, wird die Zukunft weisen. Eine lebendige Akzeptanz für diesen Platz wird kein Selbstläufer sein. Aber das neue, alte, schmucke Äußere wird sich nur dann auf Dauer erhalten lassen, wenn diese Idylle in Zukunft mehr sein kann als sommerliche Sonnenbank für Anwohner, Gassi-Areal für Hundebesitzer oder Mittags-Pausenhof für die Kirchenverwaltung.

Was dieses „Mehr" sein könnte, dazu gibt es bisher kaum Überlegungen oder Initiativen. Quartiers-Treffpunkt? Kleinkunst? Kunst? Freiluftkonzerte? Was auch immer es sein mag: Es wird nur gelingen, wenn nicht nur Anwohner, sondern auch die beiden großen „Anlieger", Paulusgemeinde und Evangelische Kirchenverwaltung, dies wirklich wollen, sich der Gemeinschaftsaufgabe öffnen und sich mit Menschen und Finanzen für das Quartier engagieren. Das wäre dann eine besondere Art öffentlicher Verantwortung von Kirche, die ihr nicht schlecht anstünde. Der Paulusplatz hätte es verdient.

Stätten der Erinnerung

August Buxbaum

Das Grab von August Buxbaum befindet sich auf dem Darm-städter Waldfriedhof gleich linker Hand vom Haupteingang in der ersten Reihe. Buxbaum hatte sich diese Grabstätte an pro-minenter Stelle für sich und seine Familie frühzeitig gesichert. Die Gräber selbst sind von beeindruckender Schlichtheit. [67]

Ruhestätte von August Buxbaum

Die August-Buxbaum-Anlage in Darmstadt erhielt ihren Na-men am 11. Oktober 1961. Bis 1933 war sie nach Walther Rathenau, der in der Weimarer Republik von Nationalisten ermordet wurde, benannt. Von 1933 bis 1945 hieß sie „Horst-Wessel-Anlage". 1947 wurde sie zu Ehren von Georg Frö-ba, einem von den Nazis 1944 hingerichteten Darmstädter Widerstandskämpfer, in Georg-Fröba-Anlage und im Jahr des Berliner Mauerbaus 1961 nach August Buxbaum umbenannt, der ein Jahr zuvor gestorben war.

Heinrich Jobst

Heinrich Jobst wurde 1943 auf dem Darmstädter Alten Fried-hof beigesetzt. [68] Die Grabstätte teilt er heute mit seiner Frau Felicitas, geb. Lehr, Sohn und Schwiegertochter. Man muss bei der sehr unübersichtlichen Beschilderung des Alten Friedhofs ein wenig suchen, um den großen Grabstein aus der Nach-kriegszeit zu finden: Im Gewann II rechts sind die Bereiche Z und O identisch, 172b befindet sich etwa in der Mitte von O.

Ruhestätte von Heinrich Jobst

---

67 Gewann L 2h 1
68 Gewann II / Z 172b

Ruhestätte von Otto Linnemann

Karl Killer

Abgesehen von wenigen kurzen Lexikonartikeln und älteren kleinen Aufsätzen in Fachpublikationen scheint der Bildhauer Karl Killer ganz und gar vergessen zu sein. Bei der Friedhofsverwaltung der Stadt München ließ sich sein Grab nicht ermitteln.

Otto Linnemann

Otto Linnemann wurde in der von seinem Vater Alexander begründeten Grabstätte der Familie Linnemann auf dem Alten Friedhof in Frankfurt beigesetzt.[69] Sein beeindruckend umfangreicher Nachlass, zu dem auch viele Aquarelle und Skizzen nie ausgeführter Werke gehören, wird von einem Enkel und einer Kunsthistorikerin in Frankfurt verwaltet: www.linnemann–archiv.de

Ruhestätte von Paul Meissner

Paul Meissner

Am 8. Oktober 1990 beschloss der Magistrat der Stadt Darmstadts, auf Antrag einer Enkelin Paul Meissners, das Grab Meissners und seiner Frau, die kurz nach ihm starb auf dem Darmstädter Alten Friedhof ab dem 1.Januar 1991 als Ehrengrab in die Obhut der Stadt zu übernehmen.[70] In der vom damals zuständigen Dezernenten Oberbürgermeister Günther Metzger unterzeichneten Begründung heißt es:„*Professor Paul Meissner war einer der großen Architekten und Hochschullehrer Darmstadts. Unübersehbar ist die Zahl der Architekten, die während seiner fast 30jährigen Lehrtätigkeit an der Architektur-Fakultät der Darmstädter Hochschule bei ihm studierten, durch ihn ihre berufliche Prägung erhielten, denen er Vorbild nicht nur für ihr Leben im Beruf wurde. Viele seiner Schüler, die noch aktiv im Berufsleben stehen, gedenken seiner heute in Dankbarkeit.* "

---

69 Gewann F 1356
70 Gewann II M 185 B

Friedrich Pützer

Das Grab Friedrich Pützers, seiner Frau und seiner zwei Söhne auf dem Darmstädter Waldfriedhof wurde von Augusto Varnesi, Pützers Professoren-Kollege an der TH Darmstadt gestaltet. Anders als das Grab von Paul Meissner ist es kein Ehrengrab der Stadt Darmstadt, sondern befindet sich noch im Besitz der Familie.[71]

Ruhestätte von Friedrich Pützer

Augusto Varnesi

Drei Jahre vor Augusto Varnesi starb seine Frau Henriette geb. Hallenstein im Jahre 1938. Für sie und sich selbst gestaltete er das Grabmal auf dem Frankfurter Hauptfriedhof. Vielleicht in Erinnerung an die eigene Ausbildung in der Tradition des Historismus schuf er ein Monument in der Formensprache neugotischer Fenster. Varnesi selbst starb drei Jahre später, am 15. August 1941.[72]

Ruhestätte von Augusto Varnesi

71 Gewann L8a51
72 Gewann F 638

Die Straßen des Tintenviertels

Im Folgenden sind jene Straßen aufgeführt, die zum ursprünglichen, seit 1895 geplanten „Tintenviertel" zwischen Herdweg, Nieder Ramstädter Straße, Schießhausstraße (Jahnstraße) und Martinstraße zählten und ihre Namen fast alle im Planungs-Jahr 1901 erhielten. [73]

Am Erlenberg

1901 nach dem Gewann „Erlenberg" benannt, die früher mit Erlen bewachsen war. Die Straße ist ein Teil des früher dort verlaufenden Erlenwegs.

Bruststraße

Seit 1901 im Darmstädter Stadtplan bezeichnet, aber erst seit 1905 bebaut. Benannt nach Georg Friedrich Brust (1790–1854), Weißbindermeister, Bauunternehmer und 1836–1848 Bürgermeister von Darmstadt.

Herdweg

1899 nach dem Weg benannt, auf dem die Bessunger einst ihr Vieh zu ihrer Gemeindeweide („Nachtweide"), heute Lichtwiese, trieben.

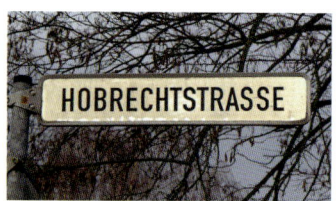

Hobrechtstraße

1901 benannt nach dem Stadtbaumeister Dr. James Hobrecht (1825–1902), spezialisiert auf den Bau der Wasserversorgung großer Städte. Leitete in Berlin den Bau der dortigen Kanalisation. Kam 1872 nach Darmstadt und stellte fest, dass eine

---

73 Alle Angaben beziehen sich auf: Schäfer, Georg: Darmstadts Straßennamen

Wasserversorgung der Stadt allein aus dem Odenwald nicht möglich sein werde. Baute 1879 das erste Darmstädter Wasserwerk im „Grießheimer Wäldchen", wurde 1881 bei dessen Einweihung Ehrenbürger von Darmstadt und erhielt vom Großherzog das Ritterkreuz 1. Klasse.

Hoffmannstraße

1884 benannt nach dem Hofgerichtsadvokaten und Politiker Dr. Karl Johann Hoffmann (1819–1874). Hoffmann engagierte sich besonders für soziale Verbesserungen in Darmstadt. 1862–74 war er Mitglied der Zweiten Kammer im Landtag und deren Vorsitzender. 1871 wurde er Mitglied des ersten deutschen Reichstages. Im gleichen Jahr baute er sich an der Südwestecke Herdweg/Hoffmannstraße eine Villa.

Im Geissensee

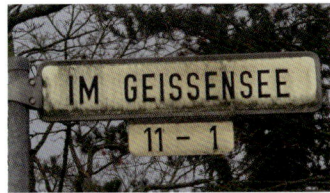

1901 nach dem Feldgewann „Im Geiße See" benannt. Allerdings weideten die Geißen und Ziegen der Bessunger nicht hier, sondern auf der „Geißwiese" zwischen dem Nordrand des Böllenfalltors und dem Bahndamm der Odenwaldbahn.

Jahnstraße

Ursprünglich „Holzweg", seit 1888 „Schießhausstraße", weil auf dem Gelände der heutigen Georg-Büchner-Schule ein Schützenhaus errichtet worden war. 1928 zu Ehren des Pädagogen und Politikers Friedrich Ludwig Jahn (1778–1852), des Vaters der deutschen Turnbewegung, umbenannt.

Martinspfad

Ursprünglich auch „Kleiner Herdweg". Führte von der 1868 benannten Martinstraße zur Martinskapelle auf dem Herrgottsberg im Bessunger Forst.

Martinstraße

1868 nach dem Heiligen Martin von Tours (316/7 – 397) benannt. Martinstag ist der 11. November, auch der Geburtstag Martin Luthers (1483).

Moserstraße

1899 nach dem Juristen und Politiker Freiherr Friedrich Karl von Moser (1723 – 1798) benannt. Moser war Reichshofrat, Hessischer Kanzler und Präsident des Geheimen Rates (d.h. sämtlicher Landeskollegien). Er bekämpfte erfolgreich die hohe Staatsverschuldung Hessens und ließ auf seinem Bessunger Privatgrundstück den „Moserschen Garten" mit einem Landhaus anlegen, der heute „Prinz-Emil-Garten" heißt.

Niebergallweg

1901 nach dem Darmstädter Mundartdichter Ernst Elias Niebergall (1815 – 1843) benannt. Niebergall schrieb in seinem kurzen Leben neben seiner Tätigkeit als Lehrer an einer Darmstädter Privatschule nur zwei Lustspiele: 1837 „Des Burschen Heimkehr oder der tolle Hund" und 1841 die Lokalposse „Datterich", die seitdem unabdingbar zum Darmstädter Selbstverständnis gehört.

Ohlystraße

1901 nach dem ehemaligen Darmstädter Oberbürgermeister Albrecht Ohly (1829 – 1891) benannt. 1879 wurde er zum Oberbürgermeister und 1886 wegen seiner großen Verdienste um die Entwicklung und den Ausbau Darmstadts zum Oberbürgermeister auf Lebenszeit gewählt. Eine Büste Ohlys von Matthias Habich steht unter der Linde in Neunkirchen (Odenwald). Nach Ohly benannt ist auch der Aussichtsturm auf dem Felsberg im Odenwald. Im Darmstädter Stadtwald gibt es zwischen dem Heuweg und der Backofenschneise eine Ohlyeiche.

Osannstraße

1918 wurde der Abschnitt des „Grünen Weges" zwischen Herdweg und Jahnstraße nach dem Darmstädter Hofgerichtsadvokaten und Politiker Dr. Arthur Osann (1829–1908) benannt. Osann war Führer der Nationalliberalen Partei in Hessen, Abgeordneter im Hessischen Landtag und Reichstagsabgeordneter.

Roquetteweg

1901 benannt nach dem Literaturhistoriker und Dichter Prof. Otto Roquette (1824 – 1896). 1869 bis 1896 war er ordentlicher Professor für Geschichte, Literatur und deutsche Sprache am damaligen Darmstädter Polytechnikum (ab 1877 Technische Hochschule). Theaterkritiker der „Darmstädter Zeitung", 1893 Geheimer Hofrat.

Schießhausstraße

Bis 1888 Holzstraße, seit 1928 → Jahnstraße

Um 1830 wurde an der Stelle der heutigen Georg-Büchner-Schule auf der Lichtwiese ein Schießhaus für die „Privilegierte Schützengesellschaft" errichtet, in dem sich auch eine beliebte Restauration befand. 1903 mussten die Schützen nach Griesheim umziehen, weil die Anlage zu klein geworden, die Besiedlung heran gerückt war und die unmittelbare Nähe zum Alten Friedhof zu Beschwerden führte.

Wittmannstraße

1872 nach dem ehemaligen Bürgermeister von Bessungen Friedrich Wittmann (1805–1862) benannt. Das damals noch selbständige Bessungen wurde 1888 nach Darmstadt eingemeindet.

Quellen- und Literaturverzeichnis

ACKERMANN, Karl: Von der Wasserburg zur Großstadt – Darmstadts Entwicklung in 900 Jahren; Darmstadt 1964

BACK, Friedrich u.a.: Festschrift zum fünfundzwanzigjährigen Regierungsjubiläum seiner Königlichen Hoheit des Großherzogs Ernst Ludwig von Hessen und bei Rhein; Leipzig 1917

BATTENBERG, Friedrich u.a. (Hrsg.): Darmstadts Geschichte. Fürstenresidenz und Bürgerstadt im Wandel der Jahrhunderte; Darmstadt 1980

BATTENBERG, J. Friedrich (Schriftl.): Archiv für hessische Geschichte und Altertumskunde, Neue Folge 49/1991; Darmstadt 1991

BAUBACH, Max u.a. (Hrsg.): Rheinische Geschichte in drei Bänden. Hier: Wirtschaft und Kultur im 19. und 20. Jahrhundert, 1979

BEEH-LUSTENBERGER, Suzanne: Glasmalerei um 800–1900 im Hessischen Landesmuseum in Darmstadt, Hanau 1973

BOEHNCKE, Heiner u. Sarkowicz, Hans: Die Geschichte Hessens; Frankfurt/Main 2010

BUSCH, Karl: Karl Killer; in: Das Münster, Zeitschrift für christliche Kunst und Kunstwissenschaft; 3. Jg. 1950, S. 92f

BUXBAUM, August (Hrsg.) Darmstadt und Umgebung in zweihundert Federzeichnungen. Darmstadt 1920

DEUTSCHER HEIMATBUND (Hrsg.): 50 Jahre Deutscher Heimatbund – Deutscher Bund Heimatschutz; Neuß 1954

DIE PAULUSKIRCHE. Eine Festschrift zu ihrer Einweihung am 29. September 1907. Druck der Vereinigten Kunstdruckereien Metz u. Lautz G.m.b.H.; Darmstadt 1907

DOTZERT, Roland (Red.): Stadtlexikon Darmstadt. Hrsg. vom Historischen Verein für Hessen im Auftrag des Magistrats der Wissenschaftsstadt Darmstadt; Stuttgart 2006

ESSELBORN, Karl: Heinrich Jobst (1874–1943) / Bildhauer; in: Hessische Lebensläufe. Zum 100. Geburtstag neu herausgegeben von Friedrich Knöpp; Darmstadt 1979, Selbstverlag der Hessischen Historischen Kommission Darmstadt. S. 209–212

EVERS, H.G. Vom Historismus zum Funktionalismus. Baden-Baden 1967

FRANZ, Eckhard G.: Die Stadt der Künstlerkolonie – Darmstadt 1900–1914; in: Mathildenhöhe/ Hessisches Landesmuseum/ Kunsthalle (Hrsg.): Ein Dokument Deutscher Kunst – Darmstadt 1901–1976; Darmstadt 1976, Bd. 5, S. 8–35

FRANZ, Eckhard G: Vom Biedermeier in die Katastrophe des Feuersturms; in: Battenberg, Friedrich u.a. (Hrsg.): Darmstadts Geschichte. Fürstenresidenz und Bürgerstadt im Wandel der Jahrhunderte; Darmstadt 1980; S. 289–482

FRIES, Günther u.a.: Kulturdenkmäler in Hessen – Stadt Darmstadt; hrsg.v. Landesamt für Denkmalpflege Hessen in Zusammenarbeit mit dem Magistrat der Stadt Darmstadt; in: Denkmaltopographie Bundesrepublik Deutschland, Wiesbaden 1994

GEHRIG, Gerlinde: Friedrich Pützer und das Herdwegviertel in Darmstadt, Magisterarbeit Frankfurt a. M. 1994.

GLÄSSING, Wilhelm: Großherzog Ernst Ludwig und das Stadtbild seiner Residenz; in: Festschrift zum fünfundzwanzigsten Regierungsjubiläum seiner Königlichen Hoheit des Großherzogs Ernst Ludwig von Hessen und bei Rhein, Leipzig 1917, S. 26ff

GUTHER, Max: Friedrich Pützer. Architekt - Städtebauer – Hochschullehrer; in: Jahrbuch der Technischen Hochschule Darmstadt 1978/79, S. 7–28; Darmstadt 1979

GUTHER, Max: Die Architekturprofessoren der THD von 1841 bis 1945 und ihre Planungen für Hochschule und Stadt Darmstadt; in: Jahrbuch der Technischen Hochschule Darmstadt 1980, S. 107 - 143; Darmstadt 1980

HERBERT, Karl: Durch Höhen und Tiefen. Eine Geschichte der Evangelischen Kirche in Hessen und Nassau; Frankfurt 1997

HERRMANN, Fritz: Allerlei aus der kirchlichen Vergangenheit von Bessungen. In: Die Pauluskirche. Eine Festschrift zu ihrer Einweihung am 29. September 1907; S. 31–56

HESSISCHE LANDESHYPOTHEKENBANK: Geschäftsberichte 1903 – 1939

HOFFMANN, Hans-C.: Darmstadt und der Jugendstil; Bremen 1981

HOHENSCHUH, Karl Heinz: Heinrich Jobst, ein Darmstädter Bildhauer aus Bayern; als Manuskript gedruckt, Darmstadt 2005. ISBN-3-00-016287-9

JAEKEL, Eberhardt: Chronik der Darmstädter kirchlichen Ereignisse. Ein Rückblick auf die letzten 90 Jahre Darmstädter Kirchengeschichte 1900–1989. Hrsg.v. Evangelischen Gemeinde- und Dekanatsverband Darmstadt 1992

KAMPFFMEYER, Hans: Die Gartenstadtbewegung; Leipzig 1913, 2. Aufl.

KIRCHENLEITUNG DER EVANGELISCHEN KIRCHE IN HESSEN UND NASSAU (Hrsg.): 60 Jahre Evangelische Kirche in Hessen und Nassau / Jahresbericht 2006/2007. Darmstadt 2007

KIRCHENVORSTAND DER EVANGELISCHEN PAULUSGEMEINDE ZU DARMSTADT (Hrsg.): Fünfzig Jahre Pauluskirche zu Darmstadt; Darmstadt 1957

KLEIN, Ernst u.a. (Hrsg.): Deutsche Bankgeschichte; Bd. 2, Institut für Bankhistorische Forschung; Frankfurt 1982

KIRCHENVORSTAND DER EV. PAULUSGEMEINDE ZU DARMSTADT (Hg.): Fünfzig Jahre Pauluskirche zu Darmstadt. Festschrift. Darmstadt 1957

KNODT, Manfred: Ernst Ludwig Großherzog von Hessen und bei Rhein. Sein Leben und seine Zeit. Darmstadt 1978. ISBN 3 87704 006 3

KNODT, Manfred: Die Regenten von Hessen-Darmstadt; Darmstadt 1989, 3. Aufl.

KROLL, Frank-Lothar: Geschichte Hessens; München 2006

MAGISTRAT DER STADT DARMSTADT – Kulturamt Denkmalschutz (Hrsg.): Denkmäler in Darmstadt – Ein Spaziergang durch das Paulusviertel; Darmstadt 2000

MOLL, Ewald: Die Rentabilität der Aktiengesellschaften: Ihre Feststellung in amtlichen und privaten Statistiken auf Grund der Bilanzen. Veröffentlicht von G. Fischer 1908, University of California

MÜLLER, Adolf: Aus Darmstadts Vergangenheit; Unveränderter Nachdruck der Ausgabe vom 1930; Frankfurt/Main 1979

PÜTZER, Friedrich: Bebauungsplan für die Erweiterung der Stadt Darmstadt: südlicher Teil; Im Auftrage der Stadt Darmstadt ausgearbeitet von Architekt Friedrich Pützer, ordentlicher Professor der Großherzoglichen Technischen Hochschule zu Darmstadt. Als Manuskript gedruckt, Darmstadt 1906

RAU, Wilhelm: Zur Entstehung der Paulusgemeinde; in: Kirchenvorstand der Evangelischen Paulusgemeinde zu Darmstadt (Hrsg.): Fünfzig Jahre Pauluskirche zu Darmstadt; Darmstadt 1957, S. 8–16

ROTH, Hermann / Zimmermann, Georg: Die Brunnen von Darmstadt; Darmstadt 1991

RÜCKERT, Hermann: Die Pauluskirche. In: Die Pauluskirche. Eine Festschrift zu ihrer Einweihung am 29. September 1907; S. 1–24

SCARPA, Ludovica: Anmerkungen zum Deutschen Bund Heimatschutz; in: arch+72, Aachen 1983; S. 34–35

SCHÄFER, Georg: Darmstadts Straßennamen; Selbstverlag, 3. Aufl. Darmstadt 1994

SCHULZ, Uwe (Hrsg.): Die Geschichte Hessens; Stuttgart 1983

SITTE, Camillo: Der Städte-Bau. Nach seinen künstlerischen Grundsätzen. Ein Beitrag zur Lösung moderner Fragen der Architektur und monumentalen Plastik unter besonderer Beziehung auf Wien. Reprint d. Erstausgabe vom Mai 1889; Wien 2003

STEITZ, Heinrich: Geschichte der Evangelischen Kirche in Hessen und Nassau; Marburg 1977

TECHNISCHE UNIVERSITÄT DARMSTADT (Hrsg.): Die THD unter dem NS-Regime; Darmstadt 1998

VIEFHAUS, Marianne: Chronik zur Entwicklung der Technischen Hochschule Darmstadt; in: Jahrbuch der Technischen Hochschule Darmstadt 1976/77, S. 13 - 56; Darmstadt 1977

STOLL, Johannes: Die Bedeutung der Evangelischen Woche 1937 für die Paulus-gemeinde. In: Kirchenvorstand der Evangelischen Paulusgemeinde zu Darmstadt (Hrsg.): Fünfzig Jahre Pauluskirche zu Darmstadt; Darmstadt 1957, S. 17–23

THOME, Hans Erich u. Scholz-Curtius, Gotthard (Hrsg.): Lichteinfall - Zeitgenössische Kunst in der Kirche. Beispiele aus der Evangelischen Kirche in Hessen und Nassau. Frankfurt 1995

WAGNER, Heinrich: Die Landes-Hypothekenbank in Darmstadt; in: Zeitschrift für Bauwesen, Jhrg. LX, Berlin 1910; Heft IV bis VI

WANDEL, Eckhard: Banken und Versicherungen im 19. und 20. Jahrhundert. Enzyklopädie deutscher Geschichte, Bd. 45. Oldenbourg, 1998

WEYRAUCH, Peter: Das Tintenviertel, seine Planung und Bebauung. Vortrag am 30. Januar 1986, unveröff. Manuskript

WINTERMANN, Rudolf: Der Wiederaufbau der Pauluskirche nach 1945. in: Kirchenvorstand der Evangelischen Paulusgemeinde zu Darmstadt (Hrsg.): Fünfzig Jahre Pauluskirche zu Darmstadt; Darmstadt 1957, S. 27–32

http://www.architektur.tu-darmstadt.de/ueberuns/geschichte/fachbereich/geschichtedesfachbereichs_volltext.de.jsp

ZIMMERMANN, Georg: Paul Meissner, ein Darmstädter Baukünstler; In: Battenberg, J. Friedrich (Schriftl.): Archiv für hessische Geschichte und Altertumskunde, Neue Folge 49/1991, S. 291–342; Darmstadt 1991

Abbildungsverzeichnis

Archiv der Evangelischen Paulusgemeinde Darmstadt: S. 112 (2)

Archiv der Merck KGaA: S. 25, 92 oben, 93 oben und Mitte

Archiv der TU Darmstadt: S. 33, 35

Bibliothek der Landesbank Hessen-Thüringen: S. 72

Förderverein Park Rosenhöhe, Darmstadt (Foto: Jobst Gmeiner): S. 53

Grau, Christian: S. 139

Hessische Hausstiftung Darmstadt: S. 29

Hessisches Landesmuseum Darmstadt: S. 14

Initiative Paulusplatz Darmstadt: S. 130 oben

Institut für Stadtgeschichte Frankfurt: S. 53 oben

Institut Mathildenhöhe Darmstadt: S. 30

Jäger, Wolfram: S. 132

Jobst, Heinrich: S. 46, 47 oben

Rückert, Christoph: S. 20, 65, 74, 75

Sammlung Karl-Heinz Hohenschuh: S. 48, 100, 101 (2)

Schmidt, Joachim: Titel, Innentitel, S. 11, 17, 18, 22, 26, 36, 39, 47 unten,
49 unten, 54, 57, 58, 62 (2), 67, 68, 69, 70, 84, 85 (2), 88 (2), 89 (2), 90 (2)
92 unten, 93 unten, 95 oben, 99, 102, 105, 118, 120, 121 (2), 122, 124,
125 (3), 126, 128 (2), 129 (2), 130 unten, 131 (2), 133 (2), 134 (2), 135 (3)
136 (3), 137 (2), 138, 141 (2), 142 (2), 143 (2), 144 – 147 (15)

Schüpke, Bettina, Linnemann-Archiv Frankfurt/M.: S. 51 (2)

Stadtarchiv Darmstadt: S. 23, 42, 43, 52, 59, 71, 95 unten, 103, 107, 108, 109,
110 (Repro: Nikolaus Heiss), 116, 117, 123, 147

v. Kessel, Christiane: S. 106

Wikipedia: S. 15, 19, 24 (2), 27,

Zentralarchiv der EKHN Darmstadt: S. 38, 49 oben, 50, 66, 73, 76, 77, 78,
79 (2), 80, 81, 82, 83 (2), 86 (2), 87, 115 (2)

Herzlichen Dank den vielen Personen und Institutionen,
die die Abdruckrechte ihrer Bilder für dieses Buch kostenlos
zur Verfügung gestellt haben!

Impressum

Herausgeber:
Joachim Schmidt

Veröffentlichung:
Justus von Liebig Verlag, Darmstadt 2014
Alle Rechte vorbehalten.

Gesamtherstellung:
Ph. Reinheimer GmbH, Darmstadt 2014

Abbildung Titel:
Pauluskirche Landeshypothekenbank 1909

Abbildung Seite 3:
Nicht signierte Künstler-Postkarte
des Paulusplatzes um 1920

Zitat Seite 4:
Glässing, Wilhelm: Großherzog Ernst Ludwig und das
Stadtbild seiner Residenz, in: Back, Friedrich u.a.:
Festschrift zum fünfundzwanzigjährigen Regierungsjubiläum
seiner Königlichen Hoheit des Grossherzogs Ernst Ludwig
von Hessen und bei Rhein; Leipzig 1917; S. 27f

Printed in Germany.

Die Deutsche Nationalbibliothek verzeichnet diese
Publikation in der Deutschen Nationalbibliothek.
Detaillierte bibliografische Daten sind im Internet
über http://dnb.d-nb.de abrufbar.

Dieses Buch wurde klimaneutral gedruckt.
natureOffice.com | DE-293-320792

ISBN 978-3-87390-338-8